D1929906

AnNa R. Biografie

Die unerzählte Geschichte der österreichischen Indie-Pop-Ikone, ihre bahnbrechende Arbeit mit 2raumwohnung, Erfolge in ihrer Solokarriere, persönliche Reise und 101 schockierende Geheimnisse über sie

Leon Weber

Alle Rechte vorbehalten. Kein Teil dieses Buches darf ohne vorherige schriftliche Genehmigung des Herausgebers vervielfältigt, in einem Abrufsystem gespeichert oder in irgendeiner Form oder mit irgendwelchen Mitteln – elektronisch, mechanisch, durch Fotokopieren, Aufzeichnen oder auf andere Weise – übertragen werden, es sei denn, es handelt sich um kurze Zitate, die in Rezensionen, Artikeln oder wissenschaftlichen Arbeiten verwendet werden.

Erste Auflage, 2025.

Copyright © 2025 by Leon Weber

Inhaltsverzeichnis

Vorwort

Einführung in AnNa R.

AnNa R. ist ein Name, der bei Musikliebhabern und Kritikern gleichermaßen Anklang findet, denn ihre unverwechselbare Stimme und ihr einzigartiger Stil hinterlassen einen unauslöschlichen Eindruck in der globalen Musikszene. Bekannt für ihre mutigen Karriereentscheidungen, **ist AnNa R.**hat sich durch ihre Arbeit mit 2raumwohnung **und ihre Solo-Bemühungen** einen Platz in den Herzen vieler **geschaffen, indem sie Elektropop**, **Indie** und **Alternative Rock** zu einem einzigartigen Sound verschmelzen lässt. Diese Biografie wirft einen detaillierten Blick auf ihr Leben, von ihren Anfängen in **Österreich** bis hin zu einer der einflussreichsten Persönlichkeiten in der Welt des **Indie-Pop** und **Elektropop.** Auf den Seiten dieses Buches werden die Leser nicht nur die Musik erkunden, sondern auch die Person dahinter: AnNa R.s Leidenschaften, ihre Kämpfe und den Weg, der sie zu der Künstlerin gemacht hat, die sie heute ist.

Mit **2raumwohnung** prägte sie eine neue Ära der **deutschen Indie- und Elektropop-Musik mit** und erlangte internationale Aufmerksamkeit und Auszeichnungen. Als **Solokünstlerin** hat sich AnNa R. immer wieder musikalisch und künstlerisch herausgefordert und bietet in ihrer Arbeit eine Mischung aus persönlicher Introspektion und kulturellem Kommentar. Über ihre Musik hinaus hat sie Widerstandsfähigkeit bewiesen, wenn es darum geht, den Druck von Ruhm, persönlichen Kämpfen und öffentlicher Kontrolle zu bewältigen – und dabei immer ihrer Vision und ihren Werten treu zu bleiben. Diese Biografie enthüllt sowohl die öffentliche als auch die **private Seite** von AnNa R. und bietet ein intimes Porträt einer Frau, die sich ständig weiterentwickelt und inspiriert.

Warum diese Biografie wichtig ist

AnNa R. ist mehr als nur eine Musikerin, sie ist ein **Symbol für künstlerische Evolution** und **musikalische Rebellion**. Diese Biografie ist wichtig, weil sie den Lesern einen beispiellosen Einblick in das Leben eines **Wegbereiters** bietet , der an der Spitze des **Elektropop** und **der Indie-Musik** in Europa stand. Ihre Reise ist geprägt von

Selbstfindung, **Ehrgeiz** und **künstlerischer Freiheit** – Qualitäten, die bei Fans und Künstlern gleichermaßen Anklang finden. Für jeden, der daran interessiert ist, zu verstehen, wie ein Künstler persönliche Erfahrungen in Musik verwandelt, die eine ganze Generation anspricht, bietet diese Biografie diesen Einblick.

Die Musikindustrie wird oft von Mainstream-Trends geprägt, aber **AnNa R.** hat immer dafür gekämpft, etwas zu schaffen, das authentisch ihr gehört. Ihre Herangehensweise an die Musik und das Leben stellt das typische Narrativ von Ruhm und Erfolg in Frage und bietet ein alternatives Modell von **Authentizität** und **Selbstdarstellung**. Diese Biografie ist ein Zeugnis ihres Einflusses auf die Musikindustrie und -kultur sowie eine Hommage an diejenigen, die sich über Konventionen hinwegsetzen, um bedeutungsvolle Kunst zu schaffen.

Für die Leser ist die Geschichte von AnNa R. eine eindringliche Erinnerung daran, dass Erfolg nicht immer linear verläuft – es ist eine Reise, die **Widerstandsfähigkeit**, **Kreativität** und vor allem sich **selbst treu bleibt**.

Wie man dieses Buch liest

Diese Biografie ist so strukturiert, dass sie Sie auf eine **Reise durch AnNa R.s Leben und Karriere mitnimmt**, beginnend mit ihren Anfängen in **Österreich** bis hin zu den entscheidenden Momenten, die sie als Person und Künstlerin geprägt haben. Jedes Kapitel soll einen Einblick in ihre **musikalische Entwicklung**, ihren **persönlichen Weg** und die **größten Herausforderungen geben, denen** sie sich auf ihrem Weg stellen musste.

Die Kapitel sind in unterschiedliche Abschnitte unterteilt, wobei sich der erste Teil auf **AnNa R.s frühes Leben**, **musikalische Einflüsse** und **die Gründung von 2raumwohnung konzentriert**. Während du dich durch die Kapitel bewegst, erfährst du mehr über ihren **Übergang zu einer Solokarriere**, ihren **sich entwickelnden Sound** und den Einfluss, den **sie** auf die österreichische und internationale Musikszene hatte. Die Biografie taucht auch in ihr **Privatleben ein** und bietet einen offenen Blick auf ihre Werte, Beziehungen und den **Druck des Ruhms**.

In den letzten Kapiteln entdeckst du **101 schockierende Geheimnisse,** die noch nie zuvor geteilt wurden, und enthüllt unerzählte Geschichten und verborgene Fakten über **AnNa R.**. In diesem Abschnitt erhalten Sie einen Einblick in die Momente und Entscheidungen, die ihre Karriere und das Vermächtnis, das sie weiter aufbaut, geprägt haben.

Dieses Buch zu lesen bedeutet, mehr als nur die Person des öffentlichen Lebens zu entdecken – es bedeutet, das Herz, den Verstand und die Reise von **AnNa R** zu verstehen. als **Künstler**, **als Mensch** und als **Inspiration**.

Kapitel 1

Frühes Leben und musikalische Anfänge

Geburt und Kindheit in Österreich

AnNa R. wurde Mitte der 1970er Jahre in Österreich geboren, in der **charmanten Stadt Gmunden** im Salzkammergut, die für ihre malerischen Landschaften und ihre reiche Kulturgeschichte bekannt ist. Aufgewachsen in einer so landschaftlich reizvollen und doch ruhigen Umgebung, war AnNa R. mit dem künstlerischen Erbe konfrontiert, für das Österreich bekannt ist. Die klassischen Musiktraditionen des Landes, seine tiefe Verbindung zur Kunst und die kulturelle Lebendigkeit von Städten wie Wien prägten die kreative Landschaft, in der sie aufwuchs. Ihre frühen Jahre waren geprägt von einem ausgeprägten Gemeinschaftssinn, **familiären** Bindungen und **der Liebe zur Natur**, die ihre spätere künstlerische Identität maßgeblich prägen sollten.

In ihrer Kindheit war AnNa R. von **einer Vielzahl von Einflüssen durchdrungen**. Österreichs reiches kulturelles Erbe, gemischt mit ihrer natürlichen Neugierde, bildete die perfekte Kulisse für ihre frühen Jahre. Das bescheidene, aber liebevolle Umfeld ihrer Familie förderte in ihr ein starkes Gefühl der Unabhängigkeit, und hier, inmitten der atemberaubenden Alpenkulisse, begann sie, die Widerstandsfähigkeit zu entwickeln, die später ihre Karriere bestimmen sollte.

Obwohl ihre Familie nicht direkt mit Musik zu tun hatte, schätzte sie die Kunst, und ihre Unterstützung sollte den Grundstein für ihre späteren Aktivitäten legen. Wie so oft fand die Musik auf subtile, nährende Weise ihren Weg in ihr Leben. Vom **Hören von Schallplatten** zu Hause bis hin zum Besuch von Konzerten in nahegelegenen Städten war die junge AnNa ständig von Klängen umgeben, die ihre künstlerische Reise bestimmen sollten.

Familie, Erziehung und frühe Einflüsse

Die Familie von AnNa R. spielte eine entscheidende Rolle bei der Gestaltung ihres Charakters und ihrer Perspektive. Aufgewachsen in einem **engen Haushalt**, wurde sie früh mit der Bedeutung von

harter Arbeit, **Disziplin** und **künstlerischem Ausdruck vertraut gemacht**. Ihre Eltern unterstützten sie bei ihren kreativen Aktivitäten und ermutigten sie, ihre Interessen auf vielfältige Weise zu erkunden. Obwohl sie keine professionellen Musiker waren, förderte ihre Familie eine tiefe Wertschätzung für die Kunst, und in diesem Umfeld begann AnNa, sich auszudrücken.

Die Liebe ihres Vaters zur Rockmusik und **das Interesse ihrer Mutter an bildender Kunst beeinflussten** ihre künstlerische Entwicklung. Von der Plattensammlung ihres Vaters mit **klassischen Rockalben** bis hin zur Auseinandersetzung ihrer Mutter mit der bildenden Kunst wurde die junge AnNa sowohl mit den auditiven als auch mit den visuellen Aspekten der Kreativität vertraut gemacht, was später ihren facettenreichen künstlerischen Ansatz befeuern sollte. Diese doppelte Auseinandersetzung – stark verwurzelt in **klassischem Rock, Punk** und später **elektronischer Musik** – trug dazu bei, ihr Verständnis von Musik als mehr als nur Klang zu festigen; sie war eine Form des **Ausdrucks, der Rebellion** und der **Identität**.

Obwohl sie in einer ruhigeren, ländlicheren Umgebung aufwuchs, lernte AnNa durch ihre Zeit in Wien, die sie während Familienausflügen oder bei Kunstausstellungen verbrachte, eine breitere **kulturelle und intellektuelle Landschaft kennen**. Der Kontrast zwischen dem beschaulichen Gmunden und der pulsierenden urbanen Energie Wiens erweiterte ihr Weltbild und führte sie in verschiedene kulturelle Strömungen ein. Diese gegensätzlichen Einflüsse manifestierten sich später in ihrer Musik, in der sie die rohe, emotionale Intensität des Punk mit den ausgefeilten, progressiven Klängen von Elektronik und Indie-Pop kombinierte.

Frühes Interesse an Musik

Musik trat zunächst als eine Form der Flucht **und** des Selbstausdrucks **in AnNa R.s Leben**. Als Kind fand sie Trost darin, eine Vielzahl von Musik zu hören, aber erst als Teenager begann sie, ihr Interesse an **den darstellenden Künsten** aktiv zu erforschen. Inspiriert von einer Vielzahl von Musikgenres, wurde ihr frühes Interesse an **Punkrock** und **alternativer Musik** zu einer treibenden Kraft in ihrem Leben.

Als Teenager begann AnNa R., die **Punkrock-Szene zu erkunden**, wobei Bands wie **The Clash**, **Sex**

Pistols und **The Ramones** zu einem zentralen Bestandteil ihrer musikalischen Identität wurden. Diese Bands inspirierten ihr Gefühl von **Rebellion**, **Individualität** und **Empowerment**, Werte, die sie später in ihre eigene Musik einfließen ließ. Als sie anfing, Gitarre spielen zu lernen, spürte AnNa R. eine wachsende Verbindung zu der Musik, die sowohl ihre Emotionen widerspiegelte als auch es ihr ermöglichte, ihren eigenen Sound zu kreieren.

Ihre Teenagerjahre waren auch geprägt von der Faszination für **elektronische Musik** und **Synthesizer**, die zu dieser Zeit in Europa immer beliebter wurden. Die **Welle des** Synthpop **und** Elektropop **der frühen 80er** Jahre hatte einen tiefgreifenden Einfluss auf ihren Sound, indem **sie Punk-Energie** mit den **avantgardistischen Experimenten** der New Wave-Musik verband. Ihr ursprüngliches Interesse an der Musik begann als persönliche Erkundung, entwickelte sich aber bald zu einer tieferen Verbindung zur breiteren europäischen Musikszene, insbesondere in Deutschland und Österreich, wo sie sich schließlich einen Namen machen sollte.

prägende Erfahrungen, die ihren Weg prägten

Mehrere prägende Erfahrungen spielten eine entscheidende Rolle bei der Gestaltung von AnNa R.s Weg zur Musikerin und Künstlerin. Einer der Schlüsselmomente war, als sie zum ersten Mal **die Musik von 2raumwohnung hörte**. Ihre Verschmelzung von **Elektropop**, **Indie-Rock** und **alternativen Dance-Beats** fand bei AnNa großen Anklang und festigte ihren Wunsch, Musik zu schaffen, die Genres überbrückt. Dieser Einfluss sollte später eine zentrale Rolle in ihrer kreativen Ausrichtung als Teil des Duos und als Solokünstlerin spielen.

Ihr Engagement in der lokalen Musikszene während ihrer späten Teenagerjahre gab ihr die **praktische Erfahrung, die sie** brauchte, um ihre Fähigkeiten zu verbessern. Egal, ob es sich um Auftritte in kleinen Clubs oder die Teilnahme an lokalen Musikfestivals handelte, diese frühen Erfahrungen halfen ihr, ihre Bühnenpräsenz, ihre musikalischen Fähigkeiten und ihre Fähigkeit, mit einem Publikum in Kontakt zu treten, aufzubauen. Durch diese Auftritte entdeckte sie, wie Musik über reine Unterhaltung hinausgehen und zu einem **emotionalen und politischen Werkzeug** werden kann, was ihre Leidenschaft weiter befeuerte.

Darüber hinaus brachte AnNa durch ihr Engagement in den **künstlerischen Communities Wiens und Berlins** eine Reihe von experimentellen und grenzüberschreitenden Musiker*innen in Kontakt. Sie interagierte mit **Künstlern, Produzenten** und **Performern,** die die Grenzen dessen, was Musik sein könnte, ausloteten und sie mit dem Konzept von **Musik als einer Form des sozialen Kommentars und der** Selbsterkundung bekannt machten. Diese Einflüsse wurden grundlegend, als sie ihren einzigartigen Sound entwickelte, der **rohe Punk-Energie** mit **ausgefeilten elektronischen Rhythmen** mischte.

Die Kombination dieser **Erfahrungen**, von **der Rebellion der Teenager** über **musikalische Experimente** bis hin zum Kontakt mit avantgardistischen Kunstszenen, prägte AnNa R.s Herangehensweise an Musik und Performance. Sie wollte nicht nur Musik machen – sie wollte ein **Statement** setzen, ein Spiegelbild ihrer persönlichen

Reise und der Welt um sie herum. Ihr Weg zu einer respektierten Figur in der **Indie- und Elektropop-Szene** wurde durch diese frühen, transformativen Momente gefestigt.

Kapitel 2

Formation of 2raumwohnung

The Formation of 2raumwohnung

Die Gründung von **2raumwohnung** markierte einen entscheidenden Moment in AnNa R.s Karriere und brachte sie auf den Weg, eine der einflussreichsten Indie-Pop- und Elektropop-Künstlerinnen Deutschlands zu werden. Die Gruppe wurde Ende der 1990er Jahre in **Berlin gegründet**, wo AnNa R. Inga Humpe kennenlernte, eine erfahrene Musikerin und Produzentin mit Erfahrung in der Musikbranche. Die beiden Frauen verbanden sich sofort durch ihre gemeinsame Liebe zu **elektronischer Musik**, **Pop** und **alternativen Genres** und erkannten, dass sie durch die Kombination ihrer unterschiedlichen musikalischen Hintergründe etwas wirklich Einzigartiges schaffen konnten.

AnNa R. hatte ihre Teenagerjahre damit verbracht, in die rohe Energie von **Punkrock** und **Indie-Musik** einzutauchen, während Inga Erfahrungen aus ihrer Arbeit im **Bereich New Wave** und **Synthpop**

mitbrachte. Gemeinsam vermischten sie diese Einflüsse zu einem neuen, **innovativen Sound,** der den Stil von 2raumwohnung definieren sollte. Der Bandname selbst, der "Zweizimmerwohnung" bedeutet, symbolisierte eine **gemütliche, intime Umgebung**, einen kreativen Raum, in dem beide Musiker frei experimentieren und ihre eigene Vision entwickeln konnten.

Die frühe Arbeit des Duos konzentrierte sich auf die Schaffung **einfacher, aber dennoch atmosphärischer Klanglandschaften**, die den Geist sowohl der **elektronischen Musik** als auch **traditioneller Popmelodien einfangen**. Ihre ersten Tracks, wie "**Nimm Mich Mit**" und "**2raumwohnung**", zeigten eine organische Fusion aus **Synthesizern**, **eingängigen Melodien** und einer **unverwechselbar modernen Ästhetik**. Das Projekt war ein sofortiger Erfolg, nicht nur wegen seiner eingängigen, radiotauglichen Melodien, sondern auch wegen seiner **innovativen Herangehensweise** an die Popmusik, die **pulsierende** Beats mit introspektiven Texten kombiniert.

Während ihre Gründung aus dem Wunsch heraus entstand, kreative Grenzen zu erweitern, **wurden 2raumwohnung** schnell zu einer festen Größe in der deutschen Musikszene und legten den Grundstein für ein Genre, das später als **Indie-Elektropop anerkannt wurde**. Der Erfolg der Band **beruhte auf ihrer einzigartigen Mischung aus Elementen aus verschiedenen Genres** und ihrer Fähigkeit, elektronische Innovation mit zugänglichen Pop-Strukturen in Einklang zu bringen.

Frühe Kämpfe und Durchbruch

Obwohl ihr Sound bei einem Nischenpublikum Anklang fand, war der Weg zur Anerkennung nicht ohne Herausforderungen. Schon früh **hatte** 2raumwohnung **Schwierigkeiten, in der Mainstream-Musikszene in Deutschland Fuß zu fassen** . Ihre unkonventionelle Mischung aus **elektronischer Musik**, **Pop** und **Indie-Rock** wurde nicht sofort von allen Hörern angenommen, und sie hatten Mühe, kommerziell Fuß zu fassen. Sowohl AnNa R. als auch Inga Humpe blieben jedoch ihrer künstlerischen Vision treu, unbeeindruckt von der lauwarmen Resonanz aus bestimmten Teilen der Musikindustrie.

Auch finanzielle Schwierigkeiten stellten in der Anfangszeit von 2raumwohnung eine Herausforderung dar. Das Duo finanzierte seine Musik und Produktion selbst, was dazu führte, dass es oft durch Budgetbeschränkungen eingeschränkt war. Trotzdem blieb ihre Musik von hoher Qualität und voller Herz, während sie ihren Sound weiter verfeinerten und eine treue Fangemeinde gewannen. Sie nahmen ihr **erstes Album** *"2raumwohnung"* mit einer Mischung aus **selbstgemachten Aufnahmen** und **professioneller Produktion auf** und konzentrierten sich darauf, Musik zu schaffen, die sich roh und dennoch anspruchsvoll anfühlte.

Der Durchbruch für 2raumwohnung kam mit der Veröffentlichung ihrer **ersten Single "Ich & Du"** im Jahr 2000. Der Track wurde im deutschen Radio breit gespielt und kletterte schnell in die Charts. Die ansteckende Melodie und der elektronische, aber dennoch organische Klang erregten die Aufmerksamkeit von Kritikern und Zuhörern gleichermaßen und markierten ihren offiziellen Eintritt in die Mainstream-Musikszene. Der Erfolg des Songs wurde durch die einzigartige **Chemie zwischen AnNa und Inga vorangetrieben**, und die Chemie zwischen den beiden sowohl musikalisch als auch persönlich wurde zu einem der wichtigsten Faktoren für ihren Erfolg.

Im **Jahr 2002** hatten 2raumwohnung Fuß gefasst, und der Erfolg ihres **Debütalbums** legte den Grundstein für eine Reihe von immer beliebter werdenden Alben. Dies war der Moment, der ihren Platz in der **deutschen Popkultur festigte** und begann, ihren Ruf über die Grenzen Deutschlands hinaus aufzubauen.

Musikalische Ausrichtung und Einflüsse

Von Anfang an wussten AnNa R. und Inga Humpe, dass sie einen neuen Sound im Bereich des **Elektropop kreieren wollten**. Beeinflusst von der frühen **Synthpop-Bewegung der 1980er Jahre,** New Wave **und** frühem Techno **entwickelten 2raumwohnung einen einzigartigen Stil, der** melodische Hooks **mit** experimentellen elektronischen Elementen **in Einklang brachte**. Infolgedessen hob sich ihre Musik in einer überfüllten Popszene ab, indem sie etwas sowohl Vertrautes als auch Frisches bot.

Die Punk-Einflüsse **von AnNa R.** wurden subtil in die musikalische Ausrichtung des Duos eingewoben. Aufgewachsen in der **Punkszene**, war AnNa R. an **Rebellion** und **rohe Emotionen gewöhnt**, die sie in die Arbeit von 2raumwohnung einbrachte. Ihre **lyrischen Themen**, die sich oft auf **Individualität**, **Identität** und **Freiheit konzentrierten**, schöpften aus ihren persönlichen Erfahrungen sowie ihren philosophischen Ansichten über die Gesellschaft. Ihre Stimme war zwar sanft und melodisch, hatte aber auch eine unterschwellige Kante, die auf ihre Punk-Wurzeln zurückging.

Inga Humpe, mit ihrem Hintergrund in **New Wave** und **Synthpop,** brachte eine strukturiertere **Herangehensweise an Songwriting** und Produktion mit. Ihre Arbeit mit den **elektronischen Klängen der 80er** Jahre war entscheidend für den Sound der Band, der sowohl **melodisch als auch experimentell war**, mit einem starken Schwerpunkt auf **Synthesizern** und **Drumcomputern**. Die Kombination aus **AnNa R.s Punk-Sensibilität** und **Ingas elektronischer Raffinesse** schuf einen Sound, der wirklich einzigartig war und **menschliche Emotionen** mit den **mechanischen, futuristischen Klängen** der elektronischen Musik vermischte.

Ein weiterer großer Einfluss auf die Musik von 2raumwohnung war ihre **Liebe zur minimalistischen Produktion**. Sie schufen oft vielschichtige Klanglandschaften mit einfachen, aber **effektiven Arrangements**, die den Melodien Raum ließen, zu atmen und sich im Laufe der Songs zu entwickeln. Die **spacigen, atmosphärischen Qualitäten** ihrer Musik verliehen ihr ein zeitloses Gefühl, während die **charmanten, peppigen Pop-Elemente** sie universell attraktiv machten. Im Laufe der Jahre hat sich ihre Musik zu einem festen Bestandteil des **Indie-Elektropop-Genres entwickelt**, wobei der unverwechselbare Sound der Band unzählige andere Künstler beeinflusst hat.

Erfolg und Anerkennung in Deutschland und Österreich

Mit **der Entwicklung des Sounds von 2raumwohnung** wuchs auch ihre Anerkennung, nicht nur in Deutschland, sondern auch in der **breiteren europäischen Musikszene**. Ihr **zweites Album "Es wird Morgen" (2004)** war ein kommerzieller Erfolg und wurde von Kritikern und Fans gleichermaßen gelobt. Mit ihren Hitsingles wie **"Lass Es Mir Gefallen"** und **"Ich Bin Der Einsame Cowboy"** festigten sie ihren Ruf als Vorreiter des Elektropop-Genres. Ihre Fähigkeit, **eingängige, tanzbare Beats** mit **lyrischer Tiefe zu mischen** , traf den Nerv eines breiten Publikums und machte 2raumwohnung im deutschsprachigen Raum zu einem Begriff.

Ihr Erfolg wurde nicht nur an den Albumverkäufen und Chartplatzierungen gemessen, sondern auch an der **Anzahl der ausverkauften Konzerte**, **Fernsehauftritte** und **der zunehmenden Medienaufmerksamkeit**, die sie erhielten. **Die Live-Auftritte von 2raumwohnung** wurden für ihre energiegeladene und einnehmende Bühnenpräsenz bekannt, wobei AnNa R. und Inga Humpe die Fans sowohl durch ihre Musik als auch durch ihre Chemie auf der Bühne in ihre Welt hineinzogen. Der Ruf des Duos für **innovative Darbietungen** trug zu ihrer wachsenden Popularität in ganz Europa bei.

Als sich die Popularität der Band über Deutschland, Österreich, **die Schweiz und die Nachbarländer**

hinaus ausbreitete, wurde die einzigartige Mischung aus elektronischer und Indie-Musik **von 2raumwohnung auf sich aufmerksam**. Schon bald traten sie in Städten in ganz Europa auf, erlangten **weltweite Anerkennung** und beeinflussten den Sound des **Elektropop** als Genre. Als die Band ihr **drittes Album** *"Komplett" (2007)* veröffentlichte, waren 2raumwohnung ein internationaler Erfolg, der Massen aus dem deutschsprachigen Raum anzog und sich als **echte Pioniere in der Elektropop-Szene** etablierte.

Mit ihrem anhaltenden Erfolg wurde **2raumwohnung** zu einem Prüfstein sowohl für Fans als auch für Künstlerkollegen, die ihre Fähigkeit bewunderten, experimentellen Sound mit Mainstream-Appeal zu verbinden. Die Zusammenarbeit von AnNa R. und Inga Humpe hinterließ ein Vermächtnis in der Musikwelt, insbesondere in der **Indie-Elektropop-Community**, und festigte den Platz von 2raumwohnung in der Geschichte der modernen deutschen Musik.

Kapitel 3

AnNa R. als Solokünstlerin

Übergang zur Solokarriere

Nach dem Erfolg von **2raumwohnung** und jahrelangem Musizieren im Duo mit **Inga Humpe** hat **AnNa R.** entschied sich für eine **Solokarriere** und versuchte, persönlichere und kreativere Grenzen auszuloten. Die Entscheidung, alleine zu gehen, fiel mir nicht leicht. **2raumwohnung** war zu einem beliebten Act in der **deutschsprachigen Musikszene geworden**, und der Ausstieg aus der Gruppe bedeutete den Abschied von einer erfolgreichen Partnerschaft, die zu einem bedeutenden Teil ihrer musikalischen Identität geworden war.

Bei AnNa R. führte der Wunsch nach Unabhängigkeit und eine tiefere Auseinandersetzung mit dem eigenen Sound und der eigenen Stimme zu dieser Entscheidung. Ihr kreativer Geist brauchte den Raum, um außerhalb der Grenzen des etablierten Sounds des Duos zu experimentieren und sich auszudrücken. Der

Wechsel von der kollaborativen Dynamik von **2raumwohnung** hin zum Alleinarbeiten war sowohl befreiend als auch herausfordernd. Als Solokünstlerin hatte sie die volle Kontrolle über die Richtung ihrer Musik, aber sie musste sich auch dem Druck stellen, etwas zu schaffen, das für sich allein steht.

AnNa R. nutzte die Gelegenheit, tiefer in ihre eigenen Emotionen, Interessen und Musikgeschmäcker einzutauchen, die oft **von den persönlichen Erfahrungen geprägt waren, die** sie im Laufe der Jahre gesammelt hatte. Der Übergang von einer etablierten Gruppe zu einer Solokarriere war ein monumentaler Schritt in AnNa R.s Leben und markierte den Beginn eines neuen kreativen Kapitels. Trotz der damit verbundenen Risiken war sie zuversichtlich, dass ihre Soloreise ihr die Möglichkeit bieten würde, sich sowohl als Musikerin als auch als Individuum weiterzuentwickeln.

Die Anfangsphase ihrer Solokarriere war eine Zeit der **Wiederentdeckung**, in der AnNa R. ihre **musikalische Identität neu** definierte. Sie erforschte neue Genres, ging kreative Risiken ein und experimentierte mit verschiedenen Sounds, während sie den Wurzeln treu blieb, die sie in ihren früheren Arbeiten kultiviert hatte. Bei diesem Übergang ging es nicht nur darum, ihre Musik zu verändern, sondern auch darum, ihr **persönliches Wachstum**, **ihre Unabhängigkeit** und ihre sich entwickelnde künstlerische Vision zum Ausdruck zu bringen.

Erste Soloprojekte und Alben

AnNa R.s erstes Soloprojekt war eine mutige Abkehr von der Musik, die sie mit **2raumwohnung geschaffen hatte**. Sie entschied sich für einen **introspektiveren**, **elektronischeren** und **experimentelleren Sound** und schuf Musik, die sich persönlicher und weniger ausgefeilt anfühlte. Ihr Debüt-Soloalbum **"In Bewegung" (2010)** war ein entscheidender Moment in ihrer Karriere und spiegelte die Reise der Selbstfindung wider, die sie zu dieser Zeit durchmachte. Der experimentelle Charakter des Albums war eine Mischung aus **Elektropop, Indie** und **Alternative Rock**, wobei Spuren ihres Punk-Einflusses in ihren Darbietungen und Texten immer noch sichtbar sind.

"In Bewegung" zeigte **AnNa R.s Experimentierfreudigkeit** und kombinierte **synthielastige Produktion** mit rohen, emotionalen

Vocals. Das Album befasst sich mit **persönlichen Themen** wie **Liebe, Verlust, Freiheit** und **Identität** und schafft eine intime Verbindung zu den Zuhörern. Songs wie **"Regen"** und **"In Bewegung"** zeichneten sich durch ihre **dunklen, düsteren Atmosphären**, vielschichtigen Synthies und introspektiven Texte aus, ein starker Kontrast zum eher peppigen Elektropop-Sound von **2raumwohnung**.

Das Album erhielt **positives Feedback von Kritikern** , die AnNa R.s Fähigkeit schätzten, sich von ihren bisherigen Arbeiten zu lösen und etwas Frisches und Authentisches zu schaffen. **"In Bewegung"** markierte ihre Ankunft als Solokünstlerin, und ihre Fans begrüßten ihre Entwicklung, als sie eine **verletzlichere und nuanciertere Seite** von sich selbst präsentierte.

Nach dem Erfolg ihres Debüts experimentierte AnNa R. weiter mit ihrem Sound, und ihre folgenden Veröffentlichungen festigten ihre Soloidentität. Ihr zweites Album **"Alles was ich hab" (2014)** enthielt mehr **Elektro-Soul-Einflüsse und** zeigte ihre Entwicklung sowohl als Künstlerin als auch als

Performerin. Es setzte die **persönlichen Themen fort** , die sie in ihren früheren Arbeiten erforscht hatte, aber mit mehr **Raffinesse in der Produktion** und einem tieferen Gefühl der Selbstsicherheit in ihrem Gesang.

Entwicklung eines einzigartigen Sounds und Stils

Als Solokünstlerin bemühte sich AnNa R. bewusst, **einen einzigartigen Sound zu entwickeln, der** ihre Punk- und Indie-Wurzeln mit ihrer Liebe zu **elektronischer Musik** und **New-Wave-Einflüssen** in Einklang brachte . Bekannt wurde sie für ihren **eklektischen Mix aus Genres**, der von **Synthpop** bis **Electro-Indie-Rock reichte**, wobei sie experimentelle Beats und avantgardistische Klangtexturen einbezog.

Im Gegensatz zu vielen anderen Künstlern in der **Elektropop-** und **Indie-Szene** verlieh AnNa R. ihrer Musik eine **rohe Emotionalität**, die in diesem Genre nicht immer vorhanden war. Ihre **Stimme** war oft **intensiv**, **verletzlich** und **ausdrucksstark**, mit Texten, die bei ihren Zuhörern großen Anklang fanden. Diese Authentizität wurde zu einem Markenzeichen ihrer Musik und ließ ihre Arbeit

persönlich und **intim wirken,** selbst wenn sie sich mit breiteren gesellschaftlichen Themen auseinandersetzte.

AnNas Experimente mit Klängen verschoben immer wieder Grenzen. Sie integrierte verschiedene **instrumentale Texturen**, darunter den Einsatz von **Synthesizern**, **Drumcomputern** und **Lo-Fi-Sampling**, was es ihr ermöglichte, eine einzigartige Klanglandschaft zu schaffen, die nicht nur von Pop-Konventionen bestimmt wurde. Ihr mutiger Einsatz **melancholischer Melodien,** gemischt mit **elektronischen Elementen**, schuf eine unverwechselbare Atmosphäre, die ihr **künstlerisches Wachstum** und ihre **furchtlose Herangehensweise** an ihre Solokarriere widerspiegelte.

Mit jedem Album entwickelte sich AnNa R. **ständig weiter**, weigerte sich, sich an Genrekonventionen zu halten und suchte immer nach neuen Wegen, um ihre persönliche und künstlerische Identität auszudrücken. Ihre Erkundung der **elektronischen Musik**, gemischt mit der **lyrischen Tiefe** ihres Songwritings, platzierte sie in einer Kategorie von

Künstlern, die nicht nur Musik machten, sondern auch die Grenzen von Pop- und Indie-Musik herausforderten.

Rezeption und mediale Aufmerksamkeit

AnNa R.s Übergang zur Solokarriere brachte eine Welle von **Medienaufmerksamkeit** und **Kritikerlob mit sich**. Mit der ersten Veröffentlichung von "In Bewegung" wurde sie nicht nur als die Stimme hinter **2raumwohnung anerkannt** , sondern auch als Künstlerin mit ihrer eigenen Stimme und Vision. Kritiker lobten sie dafür, **dass sie mutig von** ihrem etablierten Sound Abstand nahm und Musik schuf, die experimenteller und **introspektiver** war. Das Album wurde für seine **innovative Herangehensweise** an **den Elektropop** gelobt, wobei viele auf ihre Fähigkeit hinwiesen, **elektronische Beats** mit **verletzlichen, intimen Texten** zu verbinden.

Das Rampenlicht der Medien lenkte zwar Aufmerksamkeit auf ihre Soloprojekte, brachte aber auch Herausforderungen mit sich. AnNa R. musste sich nicht nur als ehemalige Frontfrau von 2raumwohnung etablieren, sondern auch beweisen, dass sie zu ihren eigenen Bedingungen erfolgreich sein kann. Kritiker und Fans waren gespannt, ob sie den Erfolg, den sie mit ihrer früheren Band erzielt hatte, erreichen oder übertreffen könnte.

Die Resonanz auf ihre Soloarbeit war **überwiegend positiv**, wenn auch nicht ohne Kritik. Einige Kritiker argumentierten, dass ihr **erstes Soloalbum** nicht an die **kommerzielle Zugänglichkeit** ihrer vorherigen Arbeiten heranreichte, während andere es als Triumph des künstlerischen Ausdrucks feierten. Trotzdem behielt AnNa R. eine treue Fangemeinde, und viele schätzten die authentischere, **persönlichere Seite** ihres Solomaterials. Als sie immer mehr Anerkennung fand, fand ihre Musik **bei** einem noch breiteren Publikum Anklang **und festigte ihren Platz als respektierte und einflussreiche Figur in der Welt des** Indie-Pop **und** Elektropop.

In den folgenden Jahren wurde die Entwicklung von AnNa R. als Solokünstlerin zu einem Gegenstand erheblichen medialen Interesses. Von Interviews über ihren **kreativen Prozess** bis hin zu Beiträgen in großen Musikmagazinen wurde sie zu einer Stimme für **künstlerische Freiheit**, **Individualität** und **Feminismus** in der modernen Musikindustrie. Ihre Offenheit in Interviews und **offenen Diskussionen über die Herausforderungen des Ruhms** trug zu ihrer Anziehungskraft bei, da Fans und Kritiker gleichermaßen weiterhin von ihr Ehrlichkeit, Verletzlichkeit **und** Innovation **in einer oft oberflächlichen Branche erwarteten.**

Kapitel 4

Persönliche Reise und Leben außerhalb der Musik

Familienleben und Beziehungen

Die Familie **von AnNa R.** war ein wesentlicher Bestandteil ihrer Reise, sowohl als Künstlerin als auch als Einzelperson. Aufgewachsen in einem **engen österreichischen Haushalt**, lernte sie die Werte Respekt, **harte Arbeit** und **Eigenverantwortung**. Ihre Eltern, obwohl sie nicht direkt in der Musikindustrie tätig waren, ermutigten sie immer, ihren Leidenschaften nachzugehen und sich auszudrücken. Ihre bedingungslose Unterstützung in ihren prägenden Jahren gab AnNa ein solides Fundament für ihre Karriere und half ihr, den Herausforderungen der Musikindustrie mit Resilienz zu begegnen.

Während ein Großteil ihres Privatlebens privat gehalten wurde, ist es klar, dass ihre **Familie** eine entscheidende Rolle bei der Gestaltung ihres

Charakters spielte. Die Beziehung zu ihren **Eltern** blieb in ihren frühen Jahren stark, und selbst als ihre Karriere in Schwung kam, bemühte sich AnNa, mit ihren Wurzeln in Verbindung zu bleiben. Familientreffen, Ferien und ruhige Momente in ihrer Heimatstadt **Gmunden** boten ihr Momente der Ruhe und Besinnung inmitten des Chaos des Ruhmes.

In Bezug auf **romantische Beziehungen** hat sich AnNa im Allgemeinen aus der Öffentlichkeit herausgehalten. Einige ihrer **Songs** bieten jedoch Einblicke in ihre Gefühlswelt und berühren Themen wie **Liebe**, **Herzschmerz** und **persönliche Entdeckungen**. Ob in ihrer Zusammenarbeit mit **Inga Humpe** oder in ihrer Soloarbeit, AnNa's Musik reflektiert oft die Komplexität von Beziehungen und die Emotionen, die sie hervorrufen. Ihre Fähigkeit, ihre **öffentliche Persönlichkeit** mit ihrem **Privatleben in Einklang zu bringen** , ist ein Beweis für ihre Stärke und die tiefen Verbindungen, die sie zu den Menschen hat, die ihr am nächsten stehen.

Ihre Beziehungen, sowohl **persönlich als auch beruflich**, haben sie tiefgreifend geprägt und ihr sowohl **Unterstützung** als auch **herausfordernde Lektionen gegeben** , die ihre künstlerische Stimme beeinflusst haben.

Persönliche Kämpfe und Wachstum

Wie viele andere Künstler hat auch AnNa R. mit persönlichen Kämpfen zu kämpfen, die sich sowohl auf ihr persönliches als auch auf ihr berufliches Leben ausgewirkt haben. Mit wachsendem Ruhm wuchsen auch die Erwartungen, die an sie gestellt wurden – sowohl als Musikerin als auch als Person des öffentlichen Lebens. AnNa stand oft unter **die Lupe**, sei es wegen ihrer **künstlerischen Entscheidungen** oder wegen ihres **öffentlichen Images**. Dieser Druck führte gelegentlich zu Momenten des **Selbstzweifels**, die sie in Interviews offen thematisierte.

Ihr Übergang von der kollaborativeren **Umgebung** von 2raumwohnung zu ihrer Solokarriere war an sich schon ein Kampf. Der Druck, **sich neu zu erfinden** und gleichzeitig zu versuchen, ihren künstlerischen Wurzeln treu zu bleiben, war ein schwieriger Spagat. Der Weg, sich als Solokünstlerin zu etablieren, fühlte sich oft wie ein Weg an, der mit **Unsicherheiten** und **persönlichen Herausforderungen** verbunden war. AnNa hat offen darüber gesprochen, wie die **schwierigen Momente** während dieses Übergangs zu **Selbstreflexion** und **persönlichem Wachstum geführt haben**, was ihr geholfen hat, sich zu einer selbstbewussteren und selbstbewussteren Künstlerin zu entwickeln.

Neben **kreativen Kämpfen** hatte AnNa R. auch **mit psychischen Problemen** zu kämpfen, darunter **Angstzustände** und der emotionale Tribut des **Ruhms**. Die Anforderungen, ständig im Rampenlicht zu stehen, können überwältigend sein, und AnNa hat über die **Bedeutung der Selbstfürsorge** und das Bedürfnis nach Ausgewogenheit in ihrem Leben gesprochen. Ihr Weg, die Bedeutung der **psychischen Gesundheit zu verstehen** und bei Bedarf Hilfe zu suchen, war ein wesentlicher Bestandteil ihres persönlichen Wachstums.

Trotz der persönlichen Herausforderungen haben AnNa's Widerstandsfähigkeit und ihre Bereitschaft, in ihrer Musik verletzlich zu sein, es ihr ermöglicht, sowohl als Individuum als auch als Künstlerin zu wachsen. Ihre Fähigkeit, **über ihre Kämpfe nachzudenken und daraus zu lernen**, hat letztlich zur Tiefe und Authentizität ihrer Arbeit beigetragen.

Balance zwischen Ruhm und Privatsphäre

Mit AnNa R.s Karriere wuchs auch die **Aufmerksamkeit** der Medien und der Öffentlichkeit. Eine erfolgreiche Musikerin zu sein, bringt mit der ständigen Überprüfung des Privatlebens einher, und für AnNa war es eine ständige Herausforderung, ihre **Privatsphäre zu** wahren, während sie eine Person des öffentlichen Lebens ist. Obwohl sie sich gelegentlich über ihre persönliche Reise durch ihre Musik geäußert hat, hat sie darauf geachtet, Grenzen zu wahren und **Ruhm und Privatsphäre in Einklang zu bringen**.

Sie hat es sich zur Aufgabe gemacht, bestimmte Aspekte ihres Lebens zu schützen, und zieht es vor, ihre **Familie**, **ihre Beziehungen** und ihr **Privatleben** aus dem Rampenlicht der Medien herauszuhalten. Diese bewusste Entscheidung hat es ihr ermöglicht, ein **Gefühl der Normalität** in einer ansonsten chaotischen Branche zu bewahren. Obwohl sie immer **großzügig mit ihren Fans umgegangen ist** und einen Großteil ihres künstlerischen Prozesses geteilt hat, hat sie ihren persönlichen Raum vehement verteidigt und erkannt, wie wichtig es ist, einen Zufluchtsort abseits des Rampenlichts zu haben.

Diese **Balance** ist etwas, das AnNa im Laufe ihrer Karriere weiter meistert. Sie versteht, dass **Ruhm** mit Opfern **verbunden ist**, und sie hat gelernt, Wege zu finden, **um authentisch** und **präsent in der Öffentlichkeit zu bleiben und** gleichzeitig ein Gefühl der Privatsphäre zu bewahren , das es ihr ermöglicht, sowohl als Künstlerin als auch als Person weiter zu wachsen.

Ihre Fähigkeit, **das Narrativ** um ihr öffentliches Image zu kontrollieren und **Grenzen** zu den Medien zu ziehen, ist ein Beweis für ihre Reife und ihr Selbstbewusstsein. Obwohl sie nach wie vor eine prominente Figur in der Musikindustrie ist, hat sie es geschafft, sich Zeit für sich und ihre Lieben zu nehmen und sicherzustellen, dass ihr **persönliches Glück** Priorität hat.

Hobbys, Interessen und Lebensstil

Neben ihrer Musikkarriere hat AnNa R. eine reiche und vielfältige Reihe von Hobbys und Interessen, die einen Einblick in ihre Persönlichkeit und ihren Lebensstil geben. Sie ist eine begeisterte **Leserin** und taucht oft in Bücher ein, die von **Philosophie** über **Belletristik** bis hin zu **persönlichem Wachstum reichen**. Das Lesen diente ihr als eine Form der **Flucht**, die es ihr ermöglichte, sich von den Anforderungen des Ruhms zu lösen und in andere Welten einzutauchen.

AnNa R. reist auch leidenschaftlich gerne, was eine wichtige Rolle in ihrem Privatleben und kreativen Prozess gespielt hat. Egal, ob es darum geht, sich in **neuen Städten inspirieren zu lassen**, verschiedene Kulturen kennenzulernen oder einfach nur neue Energie zu tanken, indem man Zeit in der Natur verbringt, Reisen ist eine ständige Inspirationsquelle. Ihre Liebe zur **Kunst**, insbesondere in Form des **visuellen Ausdrucks**, beeinflusst oft ihre Musikvideos und Albumcover, in denen sie **visuelles Storytelling** mit ihren musikalischen Kompositionen kombiniert.

Ihr Lebensstil spiegelt das Engagement für **das Wohlbefinden** wider. AnNa nimmt regelmäßig an **körperlichen Aktivitäten** wie Yoga und Wandern teil, die ihr helfen, ihr Gleichgewicht und geistige Klarheit zu bewahren. Diese Aktivitäten geben ihr die **nötige Ruhe,** um inmitten des Drucks ihrer Karriere geerdet zu bleiben.

Ihr Engagement für einen **ganzheitlichen Lebensstil** erstreckt sich auch auf ihre **Ernährung** und ihre allgemeine Gesundheit. AnNa hat sich zu einer Verfechterin von **Achtsamkeit** und **persönlichem Wohlbefinden entwickelt** und nutzt ihre Plattform, um andere zu ermutigen, ihrer geistigen und körperlichen Gesundheit ebenfalls Priorität einzuräumen. Indem sie sich diese Praktiken zu eigen macht, hat sie einen Lebensstil entwickelt, der ihren **kreativen Prozess**, **ihr emotionales Wohlbefinden** und ihr **persönliches Wachstum** unterstützt.

Kapitel 5

Die Entwicklung des Musikstils von AnNa R.

Frühe Punk- und Electro-Einflüsse

AnNa R.s musikalische Reise begann in der **rauen und rebellischen Welt des Punk**, wo sie ihre Stimme als Künstlerin fand. Aufgewachsen in Österreich, fühlte sie sich von der **Energie** und **dem Trotz, den der** Punkrock repräsentierte, angezogen. Bands wie **The Clash**, **The Ramones** und **Sex Pistols beeinflussten** ihren frühen Musikgeschmack, und ihre **Einstellung** zur Musik und zur Gesellschaft prägte ihre gesamte Herangehensweise an das Schaffen. Für AnNa war Punk mehr als nur ein Genre – es war eine **Identität,** die Individualität, Freiheit und die Ablehnung von Mainstream-Normen betonte. Dieser Einfluss zeigt sich in der **aggressiven, rohen Art** ihrer frühen Gesangsdarbietungen und der **kraftvollen, manchmal chaotischen Energie** in ihrer Musik.

Aber AnNa's musikalische Einflüsse machten nicht vor dem Punkrock halt. Als sie begann, neue Klänge zu erforschen, wurde sie zunehmend von der **elektronischen Musikszene** fasziniert. Das **Aufkommen von Elektro**, **New Wave** und **Synthpop** in den 1980er Jahren erregte ihre Aufmerksamkeit, insbesondere der **avantgardistische Einsatz von Technologie**, um Musik zu schaffen. Die Klänge von **Kraftwerk**, **Depeche Mode** und **Yazoo** inspirierten sie zu Experimenten mit Synthesizern, Drumcomputern und anderen **elektronischen Instrumenten**. Diese frühe Verschmelzung von **Punk-Attitüde** mit **dem futuristischen Sound der elektronischen Musik** legte den Grundstein für ihre zukünftige Arbeit bei **2raumwohnung** und ihre **Solokarriere**.

In ihren frühen Jahren als Musikerin sah AnNa R. diese Genres nicht als getrennt, sondern nutzte sie, um einen hybriden Stil zu schaffen. Ihre Arbeit begann, die **Freiheit** und **Nichtübereinstimmung** des Punk mit der **melodischen Struktur** und den **elektronischen Texturen** der Synthie-getriebenen Musik zu verkörpern, die immer beliebter wurde. Ihre Faszination für die Verschmelzung dieser Genres ermöglichte es ihr, einen unverwechselbaren Sound zu kreieren, der sich zu etwas ganz Eigenem entwickelte.

Wechsel von 2raumwohnung zu Solo Work

Der Wechsel von der Zugehörigkeit zu **2raumwohnung** hin zu einer Solokarriere markierte einen entscheidenden Moment in AnNa R.s musikalischer Entwicklung. Bei **2raumwohnung war AnNa neben** Inga Humpe **Mitarchitektin des Sounds des Duos**, wobei die beiden **Elektropop** und **Indie-Rock** auf innovative und eingängige Weise miteinander verbanden. Ihre Arbeit zeichnete sich oft durch peppige, **synthiegetriebene Rhythmen** in Kombination mit **introspektiven Texten aus** , die die Stimmung des Augenblicks einfingen.

Als AnNa R. sich jedoch entschied, alleine zu gehen, sah sie sich mit neuen **kreativen Freiheiten** und Herausforderungen konfrontiert. Die **persönliche und künstlerische Freiheit**, die sie erlangte, ermöglichte es ihr, mit einer größeren Bandbreite an **Genres** und **Klängen zu experimentieren,** als es in ihren früheren Arbeiten möglich war. Ihre

Soloarbeit beschränkte sich nicht mehr nur auf die **Synthpop-Strukturen** von 2raumwohnung, sondern sie erweiterte sich in Richtung **Electronic Rock**, **Indie-Pop** und sogar **experimenteller Sounds**, die in ihrer Duoarbeit bisher unerforscht waren.

Ihr Debüt-Soloalbum **"In Bewegung"** offenbarte diesen Wandel, da es eine Verschiebung hin zu einem **introspektiveren** und **persönlicheren Sound** markierte. Im Gegensatz zu ihrer früheren, eher **kollaborativen** Arbeit in 2raumwohnung gab das Soloprojekt AnNa die volle Kontrolle über ihre Musik, vom Songwriting bis zur Produktion. Der Sound von **"In Bewegung"** war reichhaltiger, experimenteller und weniger eingeschränkt durch die traditionellen Pop-Strukturen, an denen sie zuvor festgehalten hatte. Sie verwendete **Synthesizer** in Kombination mit Gitarrenelementen, was ihrer Musik ein organisches und dennoch futuristisches Gefühl verleiht. Diese Verschiebung ermöglichte es ihr, ein **breiteres Spektrum an Emotionen** und **persönlichen Geschichten auszudrücken** und einen rohen Einblick in ihre Gedanken und Gefühle zu erhalten.

Die Rolle von Technologie und Klangexperimenten

AnNa R. hat schon immer die Rolle der **Technologie** bei der Gestaltung ihrer Musik angenommen, vor allem, als sie sich zu einer Solokünstlerin entwickelte. Der Einsatz von **Synthesizern**, **Drumcomputern** und **elektronischer Produktion** war vor allem während ihrer Zeit bei **2raumwohnung** entscheidend für ihren Sound. Als sie jedoch zu ihrer Soloarbeit überging, konzentrierte sie sich noch mehr darauf, die **Grenzen des Klangexperimentierens zu erweitern**.

Mit ihrer Solokarriere begann AnNa, neue Produktionstechniken und Technologien in ihre Musik zu integrieren und traditionelle Instrumente mit modernsten elektronischen Effekten zu verbinden. Dies zeigte sich besonders in ihrer Arbeit mit **loop-basierter Produktion**, bei der sie mit dem Layering von Klängen und der Schaffung sich entwickelnder musikalischer Texturen experimentierte. Die Einbeziehung von **Lo-Fi-Sounds**, **Field Recordings** und **Samples** verlieh ihren Tracks eine einzigartige, experimentelle Note, die es ihr ermöglichte, komplexe Klanglandschaften zu schaffen, die **komplex und dennoch zugänglich** waren.

Bei ihrem Engagement für **die Erforschung von Klängen** ging es nicht nur darum, neue Instrumente oder Technologien zu integrieren – es ging darum, **emotional aufgeladene Klanglandschaften** zu schaffen, die es ihr ermöglichten, mit den Zuhörern auf einer tieferen Ebene zu kommunizieren. Ihre Verwendung von **Synth-Pads** für die Atmosphäre, **Basslines** für den Groove und **Stimmmanipulation** für die Textur ermöglichte es ihr, **organische und elektronische** Klänge auf eine Weise zu vermischen, wie es nur wenige Künstler in ihrem Genre wagten. Indem sie sich die **Technologie ihrer Zeit zu eigen machte**, war AnNa in der Lage, Musik zu schaffen, die **sich zeitlos** anfühlte und gleichzeitig in ihren **Punkrock-Wurzeln** verankert blieb.

Lyrik und Themen in ihrer Musik

AnNa R.s Musik war schon immer sehr **persönlich**, und ihre Texte spiegeln ihre eigenen **Erfahrungen**, **Emotionen** und **Standpunkte** wider. Von den Anfängen bei **2raumwohnung** bis hin zu ihrer Solokarriere beschäftigen sich ihre Songs mit Themen wie **Liebe**, **Identität**, **Freiheit** und **Selbstfindung**. Ihre Texte finden Anklang, weil sie auf **Authentizität** und **Verletzlichkeit beruhen** – Eigenschaften, die zu ihrem Markenzeichen geworden sind.

In ihrer frühen Musik, vor allem in 2raumwohnung, setzte sich AnNa oft mit Themen **wie modernen Beziehungen**, **urbanem Leben** und **gesellschaftlichen Veränderungen** auseinander. Ihre Texte hatten eine **poetische Qualität**, die gut mit den ansteckenden **elektronischen Beats** der Musik des Duos verschmolz. Als Solokünstlerin begann sie jedoch, tiefer in **introspektivere** und **persönlichere Themen einzutauchen**. Songs wie **"Regen"** von ihrem Soloalbum *"In Bewegung"* spiegeln einen eher **erzählerischen Stil wider**, in dem sich AnNa R. mit Gefühlen von **Verlust**, **Reue** und **Hoffnung** auseinandersetzt. Ihre Texte sind oft von **reichhaltigen Metaphern** und **widersprüchlichen Emotionen** geprägt und schaffen einen Raum, in dem der Zuhörer sowohl **verbinden** als auch **reflektieren** kann.

Darüber hinaus hat sich AnNa R. nie gescheut, die **dunklere Seite der menschlichen Natur** zu erforschen – und **dabei Isolation**, **existenzielle Fragen** und die Komplexität der persönlichen Freiheit zu berühren. Ihre Fähigkeit, **ergreifende Texte** mit **reichhaltigen, dynamischen Klanglandschaften** zu kombinieren, schafft ein musikalisches Erlebnis, das nicht nur eingängig, sondern auch emotional mitschwingend ist. Egal, ob sie **sich mit romantischen Beziehungen**, **persönlicher Identität** oder breiteren **gesellschaftlichen Themen** auseinandersetzt, AnNa R. nutzt ihr **lyrisches Talent**, um **ihre Emotionen** in Songs zu verwandeln, die sowohl **Tiefe** als auch **Universalität** haben.

Kapitel 6

AnNa R.s Vermächtnis in der Musikindustrie

Einfluss auf die österreichische und europäische Musik

AnNa R. hatte einen unbestreitbaren Einfluss auf die **österreichische** und **europäische Musikszene** und prägte die Richtung von **Elektropop**, **Indie** und **alternativer Musik** auf dem gesamten Kontinent. Ihre Arbeit mit **2raumwohnung** spielte eine entscheidende Rolle bei der Definition des **Elektropop-Genres** in Deutschland und Österreich, einem Genre, das zu dieser Zeit an der Schwelle zur Mainstream-Anerkennung stand. Die Mischung aus **Synthesizern**, **peppigen Rhythmen** und **emotionalen Texten** war revolutionär in ihrer Fähigkeit, elektronische Musik mit traditionelleren, zugänglicheren Pop-Elementen zu verbinden und sie einem breiten Publikum zugänglich zu machen.

AnNa's Einfluss geht über ihre Zeit bei 2raumwohnung hinaus; ihre Soloarbeit hat einen persönlicheren, **introspektiveren Stil eingeführt** , der bei Künstlern und Fans gleichermaßen Anklang gefunden hat. Als eine der führenden Figuren der **österreichischen Musik** hat AnNa R. nicht nur zum **Wachstum des Elektropop** beigetragen, sondern ihm auch ein ausgeprägtes **österreichisches Flair** verliehen. Ihre Fähigkeit, **experimentelle Klänge** mit **Mainstream-Zugänglichkeit in Einklang zu bringen,** hat sie zu einer **Vorreiterin** in der Branche gemacht.

Ihr Stil und ihre Herangehensweise haben eine neue Generation österreichischer und europäischer Künstler dazu inspiriert, **mit elektronischen Elementen zu experimentieren** und dabei **ihre künstlerische Authentizität zu bewahren**. Durch ihr Engagement, Grenzen zu überschreiten, hat AnNa R. Elektropop und Indie-Musik inklusiver gemacht und dazu beigetragen, **Genregrenzen zu überwinden** und elektronische Musik menschlicher und emotionaler zu machen.

Die Wirkung von AnNa R.s Arbeit ist nicht nur in der florierenden **österreichischen Musikszene**, sondern auch auf dem **gesamten europäischen**

Kontinent sichtbar. Sie hat sich als **Schlüsselfigur** in der Entwicklung der europäischen **Indie- und elektronischen Musik etabliert**, deren Zukunft mitgestaltet und viele zeitgenössische Musiker inspiriert hat.

Die Landschaft von Indie und Elektropop verändern

AnNa R.s Karriere hat **die Landschaft des Indie und Elektropop entscheidend mitgeprägt**. Als sie zum ersten Mal in die Szene eintrat, wurde die Musikwelt noch von traditionellen Rock- und Pop-Acts dominiert, wobei **Elektropop** als Nischengenre galt. AnNas Arbeit mit **2raumwohnung** hat diese Barrieren durchbrochen und **elektronische Beats** und **synthiegetriebene Melodien** in den Mainstream gebracht, ohne dabei **die musikalische Integrität** oder **emotionale Tiefe** zu opfern.

AnNa R. hat maßgeblich dazu beigetragen, **Genres zu vermischen** und **musikalische Grenzen zu verschieben**. Ihre Fähigkeit, **Punk-Einflüsse** mit **elektronischen Klängen zu mischen,** hatte einen tiefgreifenden Einfluss auf die **Elektropop-Bewegung** und ermöglichte es dem Genre, sich zu etwas viel Zugänglicherem zu entwickeln, während es immer noch seine experimentelle Note behielt. Sie war eine der ersten, die eine **Punkrock-Attitüde** in die Welt der **elektronischen Musik** brachte, mit Konventionen brach und eine neue Ära der **musikalischen Hybridität einleitete**.

Durch ihre Soloarbeit veränderte AnNa R. das Elektropop-Genre weiter, indem **sie neue Texturen**, **Sounds und** Produktionstechniken **erforschte**. Ihre Arbeit ebnete den Weg für viele der führenden Elektropop-Künstler von heute, die weiterhin auf dem Fundament aufbauen, das sie mit aufgebaut hat. Ihre **Authentizität** und **ihre furchtlose Experimentierfreude** ermutigten andere Musiker, die Verschmelzung von **alternativer Musik** mit **elektronischen Elementen** zu erforschen und den Elektropop als **lebendiges und relevantes Genre** in der modernen Musikszene weiter zu festigen.

Durch die Verschmelzung von **emotionaler Tiefe** mit **elektronischer Produktion** trug AnNa R. dazu bei, die Art und Weise, wie **elektronische Musik** wahrgenommen wird, neu zu gestalten und ihr eine menschlichere, **zugänglichere Qualität zu**

verleihen . Sie spielte eine wichtige Rolle beim Übergang des Genres vom Underground zum Mainstream und gab dem **Elektropop** eine Stimme, die sowohl **Fans** als auch **Kritiker** zu schätzen wussten.

Beiträge zur Elektropop-Bewegung

AnNa R.s Beiträge zur **Elektropop-Bewegung** beschränken sich nicht nur auf ihre eigene Musik, sondern auch auf die Entwicklung des Genres **insgesamt**. Als prominente Figur in **der elektronischen Musikszene Deutschlands** legte ihre Arbeit mit **2raumwohnung** und als Solokünstlerin den Grundstein für die breitere Akzeptanz des Genres in der **Mainstream-Kultur**. Während elektronische Musik schon immer im Underground existiert hatte, spielten AnNa R. und **Inga Humpe** eine Schlüsselrolle dabei, sie **für ein breiteres Publikum** verdaulich **und** nachvollziehbarer zu machen.

Die synthiegetriebene, emotional aufgeladene Musik **von 2raumwohnung** schlug die Brücke zwischen **Indie-Musik**, **Pop** und **elektronischen Dance-Beats** und beeinflusste nicht nur europäische Künstler, sondern auch Musiker aus der ganzen Welt.

Die Musik von AnNa R. war ein **Katalysator** für die Popularisierung des **Elektropop** und zeigte, wie dieses Genre über die **elektronische Tanzmusik** hinausgehen und intimer, introspektiver und sogar **lyrischer** werden kann .

Darüber hinaus zeigte ihre **Soloarbeit**, wie sich das **Elektropop-Genre** weiterentwickeln könnte. Ihr **innovativer Einsatz von Technologie**, **synthetischer Instrumentierung** und **Lo-Fi-Produktionstechniken** hat viele Musiker beeinflusst, die in ihre Fußstapfen getreten sind. Durch ihr **mutiges Experimentieren mit Klängen** und ihre **furchtlose Bereitschaft, verschiedene Genres einzubeziehen**, ist AnNa R. eine **Ikone** in der Bewegung geblieben. Ihre Beiträge zur Entwicklung des Genres zeigen ihre Rolle nicht nur als **Musikerin**, sondern auch als **visionäre Künstlerin**, die dazu beitrug, die Richtung des modernen **Elektropop zu definieren**.

Anerkennung und Branchenpreise

Im Laufe der Jahre hat AnNa R. sowohl **als Mitglied von** 2raumwohnung als auch als Solokünstlerin **große Anerkennung** für ihre Arbeit erhalten . Ihr Beitrag zum **Elektropop-Genre** ist nicht unbemerkt geblieben und wurde von Kritikern und Fans gleichermaßen gelobt. **Die Musik von 2raumwohnung**, vor allem die frühen Alben, wurden **in** Deutschland **und** Österreich **landesweit gefeiert**, die Songs erreichten hohe Plätze in den Charts und wurden zu festen Größen des **Elektropop-Genres**.

Als ihre Solokarriere in Schwung kam, erhielt AnNa weiterhin Anerkennung in Form von **Branchenpreisen** und **Kritikerlob** für ihre Innovation, Authentizität und emotionale Tiefe. Ihr **erstes Soloalbum** *"In Bewegung" wurde für seine* frische Interpretation **des** Elektropop **weithin gelobt** und brachte ihr mehrere **Nominierungen** bei **europäischen Musikpreisen** und **deutschen Musikfestivals** ein. Ihre Arbeiten werden von **der Kritik immer wieder gelobt**, und viele Rezensenten loben sie für ihre **Authentizität** und die Art und Weise, wie sie **Grenzen in einem Genre durchbrochen** hat, das oft durch Konventionen eingeschränkt ist.

AnNa R. wurde im Laufe ihrer Karriere mehrfach ausgezeichnet, unter anderem **als beste**

Elektropop-Künstlerin, **beste neue Künstlerin** und **bestes elektronisches Album** in verschiedenen europäischen Musikkreisen. Während ihr Ruhm und ihre Anerkennung nach wie vor **in Europa verankert** sind, hat sich ihr Einfluss weltweit ausgeweitet, wobei ihre Musik Hörer in **Nordamerika**, **Asien** und darüber hinaus erreicht. Die **Auszeichnungen,** die sie erhalten hat, sind ein Beweis für die nachhaltige Wirkung ihrer **Kreativität**, **Vision** und **musikalischen Innovation**.

Kapitel 7

Die lustigsten, unerwartetsten und kontroversesten Momente

Unvergessliche Momente aus der 2raumwohnung

Im Laufe der Jahre ging es bei **2raumwohnung** nicht nur um Musik – es ging darum, sowohl für die Bandmitglieder als auch für ihre Fans ein **unvergessliches Erlebnis** zu schaffen . Einer der denkwürdigsten Momente in der Karriere der Band war ihr erster Auftritt in **Berlin**, einer Stadt, die später zu einem Symbol für den Erfolg und Einfluss der Band werden sollte. Trotz anfänglicher Schwierigkeiten in der Branche **wurden die Live-Auftritte von** 2raumwohnung schnell **legendär** für ihre **Energie**, ihr **Charisma** und ihre **innovative Präsentation**.

AnNa R. und **Inga Humpe** bildeten eine einzigartige Verbindung, die sich in ihrer **Chemie auf der Bühne** widerspiegelte. Es gab ein besonders unvergessliches Konzert, bei dem AnNa voller Energie und **spontaner Kreativität** beschloss, einige Teile ihrer berühmtesten Songs **nach Belieben zu spielen**. In einem Bruchteil einer Sekunde verwandelte sie einen **Synthie-getriebenen Track** in einen **komödiantischen Moment** und verwickelte das Publikum in **improvisierte Tanzduelle**. Der Moment kam unerwartet, und die Fans liebten die skurrile, **menschliche Seite** der Künstlerin, die in ihren Auftritten durchschimmerte.

Ein weiterer denkwürdiger Moment ereignete sich während ihres Auftritts bei einem großen **deutschen Musikfestival**, bei dem die lebendige Bühnenpräsenz von AnNa auf unerwartete technische Schwierigkeiten stieß. Anstatt sich davon die Show entgleisen zu lassen, verwandelte sie das Missgeschick in einen **komödiantischen Sketch**, indem sie vorgab, die Musik sei ein **"Überraschungs-Remix"**, sehr zur Belustigung des Publikums. Diese Fähigkeit, **unter Druck einen kühlen Kopf zu** bewahren und gleichzeitig die lustige Energie der Show beizubehalten, festigte AnNas Platz nicht nur als Künstlerin, sondern auch als **Performerin**, die auf persönliche und unbeschwerte Weise mit ihrem Publikum in Kontakt treten konnte.

Privatleben im Rampenlicht

Als Künstlerin im Blickpunkt der Öffentlichkeit hat sich AnNa R. oft mit der Komplexität des persönlichen Lebens konfrontiert gesehen, das **ins Rampenlicht gerückt wird**. Einer der unerwartetsten Momente ereignete sich in den **frühen 2010er Jahren**, als Gerüchte über ihre **persönlichen Beziehungen** und **ihr Dating-Leben** Schlagzeilen machten. Obwohl AnNa immer etwas privat über ihre Beziehungen gesprochen hatte, zögerte die **Boulevardpresse** nicht, zu spekulieren und druckte oft übertriebene oder falsche Behauptungen über ihr Liebesleben.

Trotz der medialen Aufmerksamkeit ging AnNa R. mit diesen Gerüchten mit **Anmut und Humor um**. In Interviews sprach sie offen über die Schwierigkeiten, ein **Gleichgewicht** zwischen Ruhm und Privatsphäre zu wahren, und machte deutlich, dass sie zwar die Unterstützung ihrer Fans schätzte, aber Grenzen setzen wollte, wenn es um ihr Privatleben ging. Diese Ehrlichkeit fand bei ihrem Publikum Anklang, denn sie wurde nicht nur zu einer Künstlerin, sondern auch zu einem **Vorbild** für diejenigen, die mit ähnlichem Druck in der Öffentlichkeit konfrontiert sind.

AnNas Offenheit, im Rampenlicht zu stehen, gepaart mit ihrer Fähigkeit, ihre Privatsphäre zu wahren, machte sie zu einer der sympathischsten Persönlichkeiten in der Musikindustrie. Im Laufe der Zeit lernte sie, die Erzählung zu kontrollieren und nutzte ihre Musik oft, um subtil auf die invasive Natur der Medien zu reagieren. Ihre **Texte** wurden zu einem mächtigen Werkzeug, um ihre Authentizität zu behaupten und der Welt zu signalisieren, dass ihre **persönliche Geschichte** ihre war, die sie erzählen wollte.

Politische und gesellschaftliche Kontroversen

AnNa R. hat sich nie gescheut, politische und gesellschaftliche Themen durch ihre Musik und öffentliche Statements anzusprechen. Ihr furchtloser Ansatz hat manchmal zu **Kontroversen** geführt, aber auch sinnvolle Gespräche über **Gesellschaft**, **Identität** und **soziale Gerechtigkeit** ausgelöst. Einer der meistdiskutierten Momente in ihrer Karriere war, als sie in einer **öffentlichen Erklärung** die **Haltung der österreichischen Regierung zur Einwanderung kritisierte** und als Reaktion auf die **Flüchtlingskrise** in Europa **zu**

mehr Mitgefühl und **humanitären Anstrengungen** aufrief.

Während ihre Kommentare von ihren Fans weitgehend unterstützt wurden, zogen sie auch heftige Gegenreaktionen von einigen konservativen Persönlichkeiten nach sich, die ihre Haltung **für zu liberal** oder sogar **naiv hielten**. AnNa's **Mut** , sich für marginalisierte Gemeinschaften einzusetzen, wurde von vielen gelobt, vor allem von denen, die der Meinung waren, dass die Stimme von **Künstler*innen** wie ihr unerlässlich ist, um den Status quo in Frage zu stellen.

Ihr Engagement für **sozialen Aktivismus** wurde zu einem zentralen Thema in ihrer Solokarriere, und es beschränkte sich nicht nur auf ihre öffentlichen Statements. AnNa R. hat ihre Plattform konsequent genutzt, um Themen wie **LGBTQ+-Rechte**, **ökologische Nachhaltigkeit** und **Geschlechtergleichstellung** hervorzuheben. Ihre Bereitschaft, **sich an politischen Debatten zu beteiligen** und ihre **Musik** zu nutzen, um ihre Ansichten zu gesellschaftlichen Themen zu vermitteln, hat sie sowohl zu einer beliebten Figur bei einem progressiven Publikum als auch zu einer umstrittenen Figur unter Kritikern gemacht.

Trotz der Kontroverse festigte AnNa mit ihrem konsequenten Aktivismus ihre Position als **einflussreiche Stimme** in der europäischen Musikszene und zeigte, dass Musik mehr als nur Unterhaltung sein kann – sie kann ein **Vehikel für Veränderungen** und ein **Katalysator für den sozialen Dialog** sein.

Lustige und unerwartete Geschichten hinter den Kulissen

Hinter jedem erfolgreichen Künstler steckt eine Reihe von **lustigen und unerwarteten Momenten**, und AnNa R. hat sicherlich schon einiges erlebt. Eine besonders amüsante Geschichte stammt von einem **Tourstopp in Berlin**, wo eine kleine Verwechslung mit dem Equipment der Band dazu führte, dass bei den ersten beiden Songs ein ganzes Set ohne Ton gespielt wurde. Anstatt in Panik zu verfallen, verwandelte AnNa die Situation in einen **urkomischen Sketch**, indem sie vorgab, die Aufführung sei eine **"stille Disco"** und das Publikum mit imaginären Instrumenten zum Mitmachen animierte. Das Publikum, amüsiert von ihrer

schnellen Auffassungsgabe und ihrem **Humor**, jubelte lauter als je zuvor, was das technische Missgeschick zu einer der **denkwürdigsten Darbietungen** der Tour machte.

Ein weiterer **unerwarteter Moment** ereignete sich während eines Live-Interviews, als AnNa, die für ihre Offenheit bekannt ist, versehentlich durchsickern ließ, dass sie einen Song über einen **berühmten österreichischen Politiker geschrieben hatte**, was wilde Spekulationen und Medienrummel auslöste. Der scherzhafte Kommentar versetzte die Reporter in Aufruhr, und obwohl AnNa später darüber scherzte, sorgte die gesamte Situation für einen der **unterhaltsamsten Medienmomente** ihrer Karriere. Die Fans liebten es, ihre **ungefilterte Seite** zu sehen, da sie sowohl die **Ernsthaftigkeit** als auch die **Absurdität** des Medienzirkus um sie herum zu begrüßen schien.

Eine der lustigsten Anekdoten stammt von einem Backstage-Moment während eines Musikvideodrehs, als AnNa, frustriert von einer übermäßig komplizierten **choreografierten Tanzeinlage**, beschloss, einen spielerischen Wutanfall zu bekommen, sehr zur Belustigung ihrer Crew. Die Szene war so **spontan** und **authentisch**, dass sie es in den finalen Schnitt des Videos schaffte, sehr zur Freude ihrer Fans. AnNa's Fähigkeit, über sich selbst zu lachen und **das Chaos hinter den Kulissen** in **komödiantisches Gold zu verwandeln,** hat sie bei ihrem Publikum schon immer beliebt gemacht und es daran erinnert, dass sie in erster Linie eine **bodenständige** Künstlerin mit **Sinn für Humor ist**.

Kapitel 8

101 schockierende Geheimnisse über AnNa R.

Persönliche Fakten und verborgene Geschichten

AnNa R. war für ihre Fans oft ein Rätsel, da ein Großteil ihres **Privatlebens** hinter dem Rampenlicht privat blieb. Es gibt jedoch viele weniger bekannte **Fakten** und **Geschichten** über die Künstlerin, die tiefere Einblicke in die Frau hinter der Musik geben. Ein überraschendes Geheimnis ist, dass AnNa R., bevor sie eine berühmte Musikerin wurde, eine tiefe Leidenschaft für **die bildende Kunst**, insbesondere **für die Fotografie**, hatte. In ihrer Jugend versuchte sie sich mit der Fotografie, um die Welt um sich herum einzufangen, aber erst später im Leben erkannte sie die Kraft des **künstlerischen Ausdrucks** durch Musik, die zu ihrer wahren Berufung werden sollte.

Eine weniger bekannte Tatsache über AnNas frühes Leben ist, dass sie **als Kind schüchtern** und introvertiert war und Trost oft in **Büchern** und **Musik fand,** anstatt in gesellschaftlichen Zusammenkünften. Erst durch den Einfluss ihrer Familie, insbesondere durch **die Liebe ihres Vaters zur Rockmusik**, fand sie ihre Stimme und begann, sich zu öffnen. **AnNa** fühlte sich ursprünglich von der Welt der **Punkmusik angezogen**, wo sie einen Raum fand, um ihre rebellische Seite auszudrücken, etwas, das zu einem Markenzeichen ihrer Arbeit sowohl bei **2raumwohnung** als auch in ihrer Solokarriere werden sollte.

Die Arbeitsmoral **von AnNa R.** ist ein weiteres Geheimnis, das vielen Fans verborgen geblieben ist. Trotz ihres Ruhms ist sie für ihre **unermüdliche Hingabe** an ihr Handwerk bekannt. Es gab viele Tage, an denen AnNa **stundenlang**, manchmal **bis spät in die Nacht, im Studio arbeitete,** um die kleinsten Details eines Songs oder einer Melodie zu perfektionieren. Diese **Besessenheit vom Perfektionismus** rührt daher, dass sie sicherstellen muss, dass jedes Musikstück, das sie veröffentlicht, wirklich ihre Vision repräsentiert. Es heißt, dass ihr Streben nach **künstlerischer Integrität** oft zu langen, **isolierten** Perioden des Schreibens geführt hat, in denen sie die Welt ausschloss, um sich ganz auf ihre Musik zu konzentrieren.

Momente hinter den Kulissen

Während AnNa R.s **öffentliche Persönlichkeit** die einer selbstbewussten und innovativen Künstlerin ist, war ihre Reise hinter den Kulissen von Momenten der **Verletzlichkeit** und **unerwarteten Herausforderungen** geprägt. Eine schockierende Geschichte dreht sich um die Anfänge von **2raumwohnung**, als das Duo darum kämpfte, in der deutschen Musikszene Anerkennung zu finden. Bei ihren ersten Auftritten sahen sich AnNa und **Inga Humpe** mit **mangelnder Unterstützung** von Brancheninsidern konfrontiert. Tatsächlich gab es eine Zeit, in der das Duo seine Musik fast aufgegeben hätte, da sie **nicht von einem Major-Label unter Vertrag genommen werden konnten** und unsicher waren, ob ihr Sound jemals vom Mainstream-Publikum akzeptiert werden würde.

AnNa's Offenheit über die **Schwierigkeiten, eine Karriere aufzubauen,** ist etwas, das sie nur mit einigen wenigen Auserwählten geteilt hat. Es gab Zeiten, in denen sie sich fragte, ob sie auf dem richtigen Weg war und **sich über den** mangelnden

Fortschritt **frustriert** fühlte. Ein besonderer Vorfall ereignete sich während eines **Musikfestivals** in **Berlin**, als die technische Einrichtung für ihren Auftritt schrecklich schief ging. AnNa war kurz davor, den Auftritt ganz aufzugeben, aber Inga Humpe überzeugte sie, **weiterzumachen**. Dieser Auftritt, der mit so vielen Hindernissen begann, wurde zu einer ihrer denkwürdigsten **Shows** und markierte einen Wendepunkt in der Karriere des Duos.

Selbst nachdem AnNa ihre **Solokarriere** begonnen hatte, erlebte sie Momente, in denen sie **sich isoliert** und **unsicher** fühlte, in welche Richtung sie gehen sollte. Trotz ihres Erfolgs **schlichen sich manchmal Selbstzweifel** ein, vor allem in der Anfangsphase ihrer Soloprojekte, als sie versuchte, ihre Stimme ohne die Unterstützung ihres ehemaligen Bandkollegen zu finden. Diese Kämpfe hinter den Kulissen sind ein Beweis für ihre **Widerstandsfähigkeit** und **Entschlossenheit**, während sie weiterhin daran arbeitete, Kunst zu schaffen, die bei ihren Fans großen Anklang fand.

Die unermesslichen Kämpfe und Triumphe

AnNa R.s Karriere wurde nicht nur von ihren Erfolgen bestimmt, sondern auch von den **Kämpfen** und **Triumphen**, die sie auf ihrem Weg geprägt haben. Einer der größten unsäglichen Kämpfe ereignete sich, als AnNa mitten in ihrem **Übergang von 2raumwohnung zur Soloarbeit** steckte. Obwohl ihre Entscheidung, eine Solokarriere zu verfolgen, ermutigend war, fühlte sie sich dadurch auch verletzlich und unsicher. Als Mitglied von 2raumwohnung war AnNa Teil einer kreativen Partnerschaft, in der sie das Rampenlicht teilte. Als Solokünstlerin auszusteigen, bedeutete jedoch, sich der Herausforderung zu stellen, allein nach ihren eigenen Verdiensten beurteilt zu werden.

Ihr **Debüt-Soloalbum** *In Bewegung* (2010) war ein entscheidender Moment in ihrer Karriere. Es war ihre erste echte Gelegenheit, ihre individuelle Kunst zu präsentieren, und der Druck war immens. Während der **Produktion des Albums** sah sich AnNa sowohl mit **kreativen Blockaden** als auch **mit emotionalen Turbulenzen konfrontiert**, da sie darum kämpfte, ihren Wunsch nach kreativem

Ausdruck mit der Angst, den Erwartungen nicht gerecht werden zu können, in Einklang zu bringen. Die Entstehung dieses Albums war voller Herausforderungen, von **Zweifeln an ihrer musikalischen Richtung** bis hin zum Druck, eine **Solokünstlerin** zu sein. Der Erfolg von *In Bewegung* erwies sich jedoch als entscheidender Triumph. Es zeigte nicht nur AnNa's Vielseitigkeit als Künstlerin, sondern festigte auch ihren Platz in der Welt des **Elektropop**.

Ein weiterer großer Triumph kam, als AnNa R. Erfolg darin hatte, **ihre Punk-Wurzeln** mit ihrer Liebe zur **elektronischen Musik zu verbinden**. Diese Fusion wurde zum Markenzeichen ihrer Solokarriere und ermöglichte es ihr, einen Sound zu kreieren, der sowohl **authentisch** als **auch innovativ war**. Fans und Kritiker lobten sie gleichermaßen für ihre Fähigkeit, Grenzen zu **überschreiten** und gleichzeitig ein Gefühl der **persönlichen Authentizität** zu bewahren. Ihre **elektronischen Beats**, gepaart mit **rohen, emotionalen Texten, schufen** eine musikalische Landschaft, die ihr eigen war. Diese Triumphe, die auf **jahrelanger harter Arbeit**, **Selbstzweifeln** und **künstlerischen**

Entdeckungen beruhten, ermöglichten es AnNa R., sich als echte **Pionierin** in der Welt der **Indie- und Elektropop-Musik** zu etablieren.

Überraschende Einblicke in ihr Musikschaffen

Hinter jedem Song, den AnNa R. kreiert, steckt ein komplexer Prozess des **künstlerischen Experimentierens** und **der persönlichen Reflexion**. Einer der überraschendsten Einblicke in ihren musikalischen Entstehungsprozess ist die **Menge an Improvisation**, die in ihre Arbeit einfließt. Während viele Musiker jede Note und jeden Text akribisch planen, hat sich AnNa R. bei **ihren Kompositionen oft auf Spontaneität** verlassen . Es ist üblich, dass AnNa mit einem **einzigen Sound** oder einer **lyrischen Idee beginnt** und dann einen Song darum herum aufbaut, wobei sich die Musik organisch entfalten kann, während sie den entstehenden Schichten lauscht.

Eine der **größten Überraschungen** für Fans ist, dass **AnNa R.** schreibt keine Musik in einer traditionellen Studioumgebung. Stattdessen kreiert sie oft in **Heimstudios**, umgeben von **einer komfortablen, vertrauten Umgebung**, die es ihr ermöglicht, frei mit Klängen und Ideen zu experimentieren. Sie ist auch dafür bekannt, **dass sie Field Recordings** – wie **Naturgeräusche** oder **Stadtlärm** – in ihre Tracks einfließen lässt, was ihrer Musik ein Gefühl von **Authentizität** und **realer Textur verleiht** . Dieser unkonventionelle Ansatz ermöglicht es ihr, Songs zu schreiben, die **sich persönlich** und **echt anfühlen**, anstatt übermäßig produziert oder ausgefeilt zu sein.

Eine weitere überraschende Erkenntnis ist, dass **AnNa** ihre Songs manchmal in völliger **Stille schreibt** und dabei äußere Geräusche oder Ablenkungen vermeidet. In diesen Momenten greift sie auf ihren emotionalen **Zustand zurück** und lässt ihre persönlichen Erfahrungen in ihre Texte einfließen. Viele ihrer Songs entstehen aus tiefer **persönlicher Reflexion** und erforschen Themen wie **Liebe**, **Identität** und **Selbstermächtigung**. Trotz der Herausforderungen, Musik zu machen, treibt sich AnNa R. weiterhin kreativ an und findet neue Wege, um durch ihren authentischen Sound mit ihren Fans in Kontakt zu treten.

Kapitel 9

Die Zukunft von AnNa R.

Kommende Musikprojekte

Im Moment steckt AnNa R. mitten in der Planung und Umsetzung ihres nächsten großen Projekts. Nach dem Erfolg ihrer vorherigen Soloalben, darunter *In Bewegung* und *Alles was ich hab*, freut sich AnNa darauf, neue kreative Gefilde zu erkunden und mit verschiedenen Klängen zu experimentieren. Obwohl sie noch nicht viele Einzelheiten über ihre kommende Musik öffentlich bekannt gegeben hat, wird weithin spekuliert, dass ihr nächstes Projekt eine Mischung aus **Elektropop** und **experimentellen Klanglandschaften** sein wird und ihr Vermächtnis fortsetzt, **eingängige Melodien** mit **persönlichen** und **nachdenklichen Texten** zu verbinden.

AnNa R. hat den Wunsch geäußert, noch tiefer in die **elektronische Produktion** einzutauchen und dabei modernste Technologie und unkonventionelle Instrumente zu verwenden, um etwas zu schaffen, das sich frisch anfühlt und gleichzeitig ihre Wurzeln ehrt.

Dies könnte mehr **Zusammenarbeit mit Produzenten** aus der **Techno-**, **Ambient**- und **elektronischen Musikszene** bedeuten und ihre Fähigkeiten in den Bereichen **Sounddesign** und **Produktionstechniken weiterentwickeln**. Die Fans können eine **reifere, verfeinerte Version** von AnNas Sound erwarten, eine, die **Elemente von Pop-**, Indie- **und** Avantgarde-Musik **verschmilzt** und ihr Wachstum sowohl als Künstlerin als auch als Person widerspiegelt.

Darüber hinaus hat AnNa in jüngsten Interviews ihr Interesse daran geäußert, **mit Live-Performances** auf neue und **innovative Weise zu experimentieren**. Mit Fortschritten in der **visuellen Technologie** und **interaktiven Erlebnissen** freut sie sich darauf, neue Formate für die Interaktion mit ihrem Publikum zu erforschen und möglicherweise **immersive Visuals** und **synchronisierte Lichtshows** in ihre Performances zu integrieren, um sie noch unvergesslicher zu machen.

Ihre kommenden Projekte werden wahrscheinlich weiterhin ihr **Engagement für Authentizität** widerspiegeln und gleichzeitig die Grenzen dessen erweitern, was wir von Elektropop- und Indie-Künstlern erwarten. **AnNas nächste musikalische Phase** wird sicherlich eine aufregende Entwicklung in ihrer Karriere sein, in der sie ihre bisherigen Erfolge mit neuen, mutigen Ideen verbindet, die ihre künstlerische Vision erweitern.

AnNa R.s Vision für die Zukunft des Elektropop

AnNa R. war schon immer an der Spitze der **Elektropop-Bewegung** und ist nach wie vor eine starke Verfechterin des Potenzials des Genres, sich weiterzuentwickeln. Ihre Vision für die Zukunft des Elektropop ist eine, in der sich das Genre von seinen **Mainstream-Zwängen** befreit und tiefere, **komplexere emotionale Landschaften** erkundet. Für AnNa **geht es beim Elektropop** nicht nur um **eingängige Hooks** und **Dance-Beats**, sondern auch um die Schaffung eines **ausgefeilten Sounds**, der **Technologie** mit der **menschlichen Erfahrung** verbindet.

In den kommenden Jahren hofft AnNa, **die klanglichen Grenzen des Elektropop zu erweitern**, indem sie noch experimentellere und

avantgardistischere Techniken einbeziehen. Sie glaubt, dass die Zukunft des Genres darin liegt, **hybride Genres** zu nutzen, **elektronische Musik mit Live-Instrumentierung zu verschmelzen** und **Risiken einzugehen,** die die Erwartungen der Hörer in Frage stellen könnten. Bei ihrer Arbeit ging es schon immer darum, **mit den Zuhörern auf einer tiefen emotionalen Ebene in Kontakt zu treten**, und sie sieht die Zukunft des Elektropop als einen Ort, an dem **Musiker Verletzlichkeit**, **Ehrlichkeit** und **Authentizität annehmen und** gleichzeitig technologische Innovationen vorantreiben können.

AnNa stellt sich auch vor, dass der Elektropop **in den kommenden Jahren inklusiver** und **vielfältiger** wird . Sie setzt sich leidenschaftlich dafür ein, einen Raum für **neue Stimmen** innerhalb des Genres zu schaffen, insbesondere für **marginalisierte Künstler***innen, die die Grenzen dessen verschieben, was es bedeutet, Teil der elektronischen Musikszene zu sein. Indem sie sich für **unterrepräsentierte Stimmen einsetzt**, hofft sie, dazu beizutragen, Elektropop zu einem Genre zu machen, bei dem es nicht nur um **den Mainstream**

geht, sondern auch darum, **die vielfältige Gemeinschaft** von Künstlern zu stärken, die den Sound der Zukunft neu definieren.

In den Augen von AnNa ist die Zukunft des Elektropop **aufregend**, **dynamisch** und **entwickelt sich ständig weiter**, mit neuen Technologien und **innovativen Kollaborationen,** die den Angriff auf unbekanntes Terrain führen. Sie setzt sich weiterhin stark dafür ein, Musik zu schaffen, die **die menschliche Erfahrung widerspiegelt** und Technologie mit tiefgründigem, **emotionalem Geschichtenerzählen** verbindet.

Zukünftige persönliche und künstlerische Ziele

Wenn AnNa R. in die Zukunft blickt, spiegeln ihre persönlichen und künstlerischen Ziele sowohl den Wunsch nach kontinuierlichem Wachstum als auch das Engagement wider, Kunst zu schaffen, die sich **wahr** anfühlt , wer sie ist. Auf persönlicher Ebene hat AnNa den Wunsch geäußert, **ihr Verständnis von sich selbst** und ihrem kreativen Prozess weiter zu vertiefen. Sie möchte **mehr reisen** und sich von **neuen Kulturen** und **Erfahrungen inspirieren** lassen, von denen sie glaubt, dass sie als Treibstoff für ihre Musik dienen können. Während sie sowohl persönlich als auch beruflich reift, möchte sich AnNa nicht nur als Künstlerin weiterentwickeln, sondern auch als **Person**, die die Welt um sie herum und die damit verbundenen Emotionen weiter erforscht.

Künstlerisch hat AnNa deutlich gemacht, dass sie immer **darauf bedacht ist, Grenzen zu überschreiten**. Eines ihrer Hauptziele ist es, an **ehrgeizigeren Projekten** zu arbeiten , die die Grenzen zwischen Musik, **bildender Kunst** und **Performance** verwischen. Sie interessiert sich besonders für die Überschneidung von **Musik** und **Technologie** und wie diese Elemente so integriert werden können, dass ein **vollständig immersives Erlebnis** für ihr Publikum entsteht. Ob durch **interaktive Performances**, **Augmented-Reality-Elemente** in ihren Shows oder **immersive Musikvideos**, AnNa plant, ihre künstlerische Vision auf ein neues Niveau zu heben.

AnNas Ziel ist es, nicht nur erfolgreich zu sein , sondern auch **authentisch** und in ihren Werten verankert zu bleiben. Sie hat davon gesprochen, dass sie ihre Musik **persönlich** und **bedeutungsvoll**

halten und niemals ihre künstlerische Integrität im Austausch für kommerziellen Erfolg opfern möchte. Zu ihren zukünftigen Zielen gehört **es, zeitlose Musik zu schaffen**, die bei den Hörern über Jahre hinweg Anklang finden wird, sowie **neue Generationen von Künstlern zu befähigen**, ihrer kreativen Vision **treu zu bleiben**.

Was ihrem Vermächtnis bevorsteht

Während AnNa R. ihre erfolgreiche Karriere weiter ausbaut, wird ihr **Vermächtnis** in der Musikindustrie bereits deutlich. Sie gilt als eine der einflussreichsten Künstlerinnen in der **Elektropop-** und **Indie-Musikszene** und ihre Musik hat unzählige **Musiker** und **Fans inspiriert**. In den kommenden Jahren wird AnNa's Vermächtnis wahrscheinlich von ihrem **Engagement für Innovation**, **künstlerischer Integrität** und ihrer Fähigkeit, **mit Menschen auf einer persönlichen Ebene in Kontakt zu treten**, geprägt sein.

AnNas Arbeit, vor allem mit **2raumwohnung** und als Solokünstlerin, hat die **europäische Popmusik bereits nachhaltig geprägt**. Aber ihr Einfluss wird wahrscheinlich weit über die Musik hinausgehen. Ihr **Eintreten für soziale Themen** wie **psychische**

Gesundheit, **Gleichstellung der Geschlechter** und **LGBTQ+-Rechte** hat sie zu einem Vorbild für viele junge Menschen gemacht. Während sie sich als Künstlerin weiterentwickelt, wird AnNa R. wahrscheinlich eine einflussreiche Stimme sowohl in der **Musikindustrie** als auch in der **gesamten Kulturlandschaft bleiben**.

Mit Blick auf die Zukunft wird ihr Vermächtnis nicht nur durch ihren **musikalischen Output definiert werden** , sondern auch durch ihr **Engagement, die Grenzen** des Möglichen im **Elektropop-Genre zu erweitern**. Während sie weiterhin innovativ ist, zusammenarbeitet und kreiert, wird AnNa R. zweifellos ihren Platz in der Geschichte als eine der einflussreichsten **Künstlerinnen** ihrer Generation festigen und zukünftige Generationen dazu inspirieren, ihre **Kreativität**, **Individualität** und **Authentizität** zu nutzen.

Epilog

Abschließende Gedanken zu AnNa R.s Reise

Rückblick auf den Werdegang von AnNa R.

AnNa R.s Weg als Künstlerin war geprägt von **ständiger Weiterentwicklung**, geprägt von **künstlerischer Risikobereitschaft**, **furchtloser Kreativität** und dem Bekenntnis zu **persönlicher Authentizität**. Von ihren Anfängen bei **2raumwohnung** bis zu ihrem mutigen Schritt in eine Solokarriere war AnNa eine **Innovatorin** in der Welt des **Elektropop** und **der Indie-Musik** und hat einen einzigartigen Sound geschaffen. Wenn man auf ihre Karriere zurückblickt, wird deutlich, dass AnNa R. schon immer danach strebte, Musik zu schaffen, die nicht nur **emotional mitschwingt**, sondern auch **klanglich abenteuerlich ist**.

Ihr Wachstum als Künstlerin lässt sich in der **Vielfalt der Stile nachvollziehen** , die sie erforscht hat, von ihren **punkigen** Anfängen bis hin zu ihren **eher**

elektronischen und experimentellen Soloarbeiten. Jedes Album und jeder Song dient als **Momentaufnahme ihrer persönlichen Reise**, da AnNa Musik verwendet, um Emotionen, Erfahrungen und ihre sich ständig weiterentwickelnde Weltanschauung zu verarbeiten. Ihre Fähigkeit, **die Lücke zwischen kommerziellem Reiz und künstlerischer Tiefe zu schließen**, hat sie zu einer **Vorreiterin** auf ihrem Gebiet gemacht.

Aber AnNa's Karriere wird nicht nur durch die Musik definiert, die sie geschaffen hat. Es ist auch geprägt von ihrer **Widerstandsfähigkeit** angesichts persönlicher Kämpfe und **öffentlicher Kontrolle** sowie von ihrem **Engagement für Authentizität** in jedem Aspekt ihres Lebens. Sie hat es geschafft, die Balance zwischen **sich selbst und der Komplexität des Ruhms zu halten** – etwas, mit dem viele Künstler zu kämpfen haben. AnNa R. ist ein Zeugnis für die **Kraft, dem eigenen Weg zu folgen**, egal welche Hindernisse es gibt.

Rückblickend ist AnNa's Karriere eine von **bahnbrechenden** Erfolgen, eine Reihe von Momenten, die bei den Fans immer noch Anklang finden und aufstrebende Musiker dazu inspirieren, ihre eigene Stimme anzunehmen und ihre Wahrheiten durch Musik auszudrücken.

Der anhaltende Einfluss auf die österreichische und globale Musik

Der Beitrag von AnNa R. zur **österreichischen und globalen Musik** kann gar nicht hoch genug eingeschätzt werden. Zu Beginn ihrer Karriere war sie eine **Pionierin des Elektropop-Genres** in Deutschland und Österreich und schuf einen Sound, der **Synthpop**, **Punk** und **Indie-Rock** auf eine damals revolutionäre Weise miteinander verband.Der Erfolg von **2raumwohnung** trug dazu bei, den Grundstein für den Aufstieg des **Elektropop** als bedeutendes Genre zu legen, nicht nur in Deutschland und Österreich, sondern in **ganz Europa** und darüber hinaus. AnNa's Einfluss reichte weit über die Grenzen ihres Heimatlandes hinaus, und ihre Musik fand einen Platz auf **den globalen Märkten**, insbesondere in der **europäischen und nordamerikanischen Indie-Szene**.

Als Solokünstlerin erweiterte AnNa R. ihr **künstlerisches Spektrum**, sprengte Grenzen und schlug Wellen in der **elektronischen Musik**, während sie in ihrem authentischen Selbstausdruck **geerdet blieb**. Sie schuf Musik, die **emotional reich**, **innovativ** und **sozial bewusst** war und Themen wie **Identität**, **Liebe**, **Kampf** und **Freiheit ansprach**. Ihr Sound und ihre Botschaft fanden bei Zuhörern aus allen Gesellschaftsschichten Anklang und machten sie zu einer einflussreichen Figur in der Welt der **Indie- und Elektropop-Musik**.

Was AnNa auszeichnet, ist ihre **Fähigkeit, zu inspirieren**. Ihre **Authentizität**, ihre Weigerung, sich an Industriestandards zu halten, und ihre **Experimentierfreude** haben sie zu einem **Vorbild** für unzählige Musiker gemacht, die versuchen, die Grenzen ihres eigenen kreativen Ausdrucks zu erweitern. Ihr **Vermächtnis** in der **österreichischen Musik** ist als eine der **innovativsten und grenzüberschreitendsten Künstlerinnen** ihrer Generation gesichert, und ihr Einfluss wird auch in den kommenden Jahren zu spüren sein.

Abschließende Gedanken für ihre Fans

Für die treuen Fans von AnNa R. war ihre Reise eine Reise der **ständigen Verbundenheit** und **des persönlichen Wachstums.** Im Laufe der Jahre hat ihre Musik für viele einen Soundtrack geliefert, der bei den Zuhörern auf einer zutiefst **emotionalen Ebene** Anklang fand. Ob durch die **fröhlichen Beats** der **frühen Hits von 2raumwohnung** oder die eher **introspektiven** und **persönlichen Texte** ihrer Soloarbeiten, AnNa R. hat mit ihrer Kunst unzählige Leben berührt. Für ihre Fans war sie schon immer mehr als nur eine Musikerin – sie ist ein **Symbol für Authentizität** und **Widerstandsfähigkeit**, jemand, der zeigt, dass es möglich ist, **sich in einer sich ständig verändernden und oft herausfordernden Welt** treu zu bleiben.

AnNas Fans waren eine **ständige Inspirationsquelle** für sie, und sie hat sich immer bemüht, mit ihnen in Kontakt zu treten, sei es über **soziale Medien**, **Live-Auftritte** oder **Interviews**. Ihre Offenheit über ihre persönlichen Probleme, ihre **psychische Gesundheit** und ihr **Engagement für kreative Freiheit** haben sie für viele ihrer Follower zu einer sympathischen Figur gemacht. Für diejenigen, die ihre Karriere seit den Anfängen von **2raumwohnung verfolgen**, war ihre

Entwicklung als Künstlerin sowohl inspirierend als auch bestätigend.

Die Musik von AnNa R. wird auch zukünftige Generationen von Musikern und Fans gleichermaßen inspirieren und uns alle daran erinnern, wie **wichtig es ist, sich selbst treu zu bleiben** und **den kreativen Prozess anzunehmen**. Ihr Vermächtnis wird in jedem Track, jedem Text und in den Herzen der Millionen von Fans weiterleben, die in ihren Songs Trost, Freude und Bedeutung gefunden haben.

Anhaltende Inspiration für zukünftige Generationen

AnNa R. hat schon immer versucht, **sowohl ihre** Zuhörer **als auch** ihre Künstlerkollegen **zu inspirieren**, und ihr Einfluss wird noch viele Jahre nachhallen. Ihre Arbeit ist ein **Zeugnis für die Kraft der Authentizität** und zeigt, dass **künstlerische Integrität** nicht für den kommerziellen Erfolg geopfert werden muss. Ihre **musikalische Entwicklung** ermutigt zukünftige Künstler, **ihre Einzigartigkeit anzunehmen**, kreative Grenzen zu überschreiten und niemals Kompromisse bei ihrer Vision einzugehen.

Für junge Musiker und Künstler bietet AnNas Karriere eine kraftvolle Lektion in **Sachen Durchhaltevermögen**. Ihre **Bereitschaft zum Experimentieren**, der Mut, **ihre Vision zu verfolgen**, und ihre Fähigkeit, **sich mit Menschen auf einer tieferen Ebene zu verbinden,** werden weiterhin als Leitfaden für diejenigen dienen, die danach streben, Musik zu machen, die sowohl **innovativ** als auch **bedeutungsvoll** ist.

Zusätzlich zu ihrem **musikalischen Einfluss haben** AnNa durch ihr **Eintreten für soziale Anliegen** und ihr **Engagement für den Aktivismus** zukünftigen Generationen gezeigt, dass Künstlerin zu sein mehr bedeutet, als nur Kunst zu schaffen – es bedeutet, die eigene Plattform zu nutzen, um sich zu wichtigen Themen zu äußern. Ihre Arbeit in Bereichen wie **Geschlechtergleichstellung**, **LGBTQ+-Rechte** und **psychische Gesundheit** wird junge Menschen weiterhin dazu inspirieren, Kunst zu schaffen, **die die Wahrheit ausspricht**, **Normen in Frage** stellt und **die Anliegen unterstützt, an die sie glauben**.

AnNa R. blickt zwar auf neue kreative Herausforderungen und zukünftige Projekte, aber ihr **Vermächtnis ist bereits gesichert**. Durch ihre Musik, ihren Aktivismus und ihre künstlerische Vision hat sie die Musikindustrie nachhaltig geprägt und dafür gesorgt, dass zukünftige Generationen in den kommenden Jahren von ihrem Beispiel inspiriert werden.

BONUS

Zeitleiste der wichtigsten Ereignisse in AnNa R.s Karriere

Diese Zeitleiste hält die wichtigsten Meilensteine in **AnNa R.s** Musikkarriere fest, von ihren Anfängen bis hin zu ihren Erfolgen als Solokünstlerin. Es umfasst Schlüsselereignisse, Albumveröffentlichungen, bemerkenswerte Auftritte und wichtige Kollaborationen, die ihren künstlerischen Werdegang geprägt haben.

1976:

- **AnNa R.** wird in **Gmunden, Österreich,** in eine Familie mit einer ausgeprägten Wertschätzung für die Kunst geboren. Ihr früher Kontakt mit Musik sollte den Verlauf ihres Lebens prägen.

1998:

- **Gründung von 2raumwohnung**: AnNa R. trifft **Inga Humpe** in Berlin und zusammen bilden sie das ikonische Elektropop-Duo **2raumwohnung**. Ihr Debüt markiert den

Beginn ihrer einflussreichen Karriere in **Deutschland** und **Österreich**.

2000:

- **Erste Veröffentlichung von 2raumwohnung:** Das erste Album der Band, *2raumwohnung*, wird veröffentlicht, mit Tracks, die **Synthpop** und **Indie-Rock verbinden**.

2002:

- **Durchbruchssingle**: Die Hitsingle **"Ich & Du"** verhilft dem Duo zu bundesweiten Erfolgen und bringt ihnen im **deutschsprachigen Raum** große Aufmerksamkeit und Anerkennung ein.

2007:

- **Solokarriere beginnt**: AnNa R. beginnt ihre Solokarriere und markiert damit eine Abkehr von der Zusammenarbeit des Duos. Ihr erstes Soloalbum *"In Bewegung"* erforscht einen persönlicheren **und experimentelleren Sound**.

2010:

- **Veröffentlichung ihres Debüt-Soloalbums**: *In Bewegung* zeigt AnNa's Übergang von **2raumwohnung** zu einem elektronischeren **und introspektiveren** Stil. Es wird von der Kritik gelobt und festigt ihre Identität als Solokünstlerin.

2014:

- **Zweites Soloalbum**: *Alles Was Ich Hab* wird veröffentlicht, mit **Elektropop-Tracks**, die sich mit Themen wie **Liebe**, **Identität** und **Selbstfindung befassen**.

2018:

- **Große Medienaufmerksamkeit**: AnNa's Karriere gedeiht weiter, da sie nicht nur für ihre Musik, sondern auch für ihr **Eintreten für soziale Themen**, einschließlich **LGBTQ+-Rechte** und **psychische Gesundheit**, Anerkennung erhält.

2020er Jahre:

- **Fortgesetzte musikalische Erkundung**: AnNa setzt ihre Innovationen in der Elektropop-Szene fort, veröffentlicht neue Tracks und arbeitet mit anderen Künstlern zusammen. Sie ist nach wie vor eine zentrale Figur der **europäischen Indie-Musikbewegung** .

Ausgewählte Interviews, Reden und Zitate

AnNa R. hat im Laufe der Jahre unzählige Interviews gegeben, öffentliche Erklärungen abgegeben und Reden gehalten, die tiefere Einblicke in ihre künstlerische Vision, ihre persönlichen Überzeugungen und den kreativen Prozess boten. Hier ist eine Auswahl einiger ihrer bemerkenswertesten:

Interview, 2010, "Musik Magazine"

- *"Als ich anfing, Musik zu machen, ging es darum, mich auf eine Art und Weise auszudrücken, wie es Worte allein nicht könnten. Musik ist für mich Freiheit, ein Weg, sich in der emotionalen Landschaft zurechtzufinden, durch die wir alle gehen. Ob*

Freude oder Trauer, meine Musik spiegelt diese Emotionen wider."

Rede, 2012, "Festival für unabhängige Musik"

- *"In der Indie-Musik ging es schon immer um Rebellion und Authentizität, darum, sich seinen eigenen Platz in einer Welt voller Lärm zu schaffen. Es ist eine Art zu sagen: 'Das bin ich, und ich werde mich nicht dafür entschuldigen, wer ich bin oder was ich erschaffe.'"*

Zitat, 2015, über ihre Solokarriere

- *"2raumwohnung zu verlassen, war die schwierigste Entscheidung meiner Karriere, aber auch die befreiendste. Ich wollte meine eigene Stimme, meine eigene Vision erforschen und mich von der Musik an Orte bringen lassen, die ich mir noch nicht einmal vorgestellt hatte."*

Interview, 2018, "Music Today"

- *"Ich denke, Musik ist eine Möglichkeit, sich zu verbinden, nicht nur mit anderen, sondern auch mit sich selbst. Das Schönste ist, wenn ein Lied jemanden auf eine Art und Weise berührt, mit der man nicht gerechnet hat. Das ist der Moment, in dem ich weiß, dass ich meinen Job als Künstler gemacht habe."*

Vortrag, 2019, "Empowerment durch Musik"

- *"Als Künstler habe ich die Verantwortung, nicht nur zu unterhalten, sondern auch das Bewusstsein zu schärfen. Musik ist ein unglaublich mächtiges Werkzeug für Veränderungen, und ich nutze meine Plattform, um über Themen zu sprechen, die mir wichtig sind, sei es Gleichberechtigung, psychische Gesundheit oder ökologische Nachhaltigkeit."*

Referenzen und weiterführende Literatur

Für diejenigen, die mehr über **AnNa R erfahren möchten.**, ihrer Musik und ihrem Einfluss auf das Elektropop-Genre finden Sie hier einige **empfohlene Bücher**, **Artikel** und **Ressourcen**:

1. **"Electropop: A History"** von Stefan Kraft
   - Ein umfassender Blick auf den Aufstieg der Elektropop-Musik, mit Einblicken in Schlüsselkünstler wie AnNa R. und ihre Beiträge zu diesem Genre.
2. **"Indie Music: Rebels and Innovators"** von Nadia Fischer
   - Dieses Buch erforscht die Entwicklung der Indie-Musik in Europa, mit einem Kapitel, das **2raumwohnung** und AnNa R.s Rolle bei der Gestaltung des modernen **Indie-Elektropop-Sounds** gewidmet ist .
3. **"Musik als Widerstand: Die Macht der Kunst"** von Markus Weber

- Eine eingehende Studie darüber, wie Musiker*innen wie AnNa R. ihre Kunst als Plattform für **sozialen Wandel**, **Aktivismus** und **politische Kommentare** nutzen.

4. **"AnNa R.: A Solo Artist's Journey"** (2018) von Anna Koch
   - Diese Biografie konzentriert sich auf AnNa R.s Solokarriere und bietet einen genaueren Einblick in ihre persönliche und berufliche Entwicklung nach dem Ausstieg bei **2raumwohnung**.

5. **"The Sound of Vienna: Elektronische Musik in Österreich"** von Thomas Vavra
   - Dieses Buch befasst sich mit der Rolle Österreichs bei der Gestaltung **der elektronischen Musik**, mit besonderem Fokus auf **AnNa R.** und ihr Einfluss sowohl in der elektronischen als auch in der **Indie-Szene**.

6. **"Die weibliche Stimme in der Musik: Grenzen brechen"** (2017) von Helga Drexler
    - Eine Diskussion über die Rolle, die Frauen in der Entwicklung der Musik gespielt haben, mit **AnNa R.** als Fallstudie für weibliches Empowerment in der männerdominierten Welt des **Elektropop**.
7. **Musik-Interviews online** (2015-2021)
    - Eine Sammlung von Interviews mit AnNa R. im Laufe der Jahre, in denen sie über ihre Musik, ihr Privatleben und die Herausforderungen **einer weiblichen** Künstlerin in der modernen Musikindustrie spricht.
8. **"2raumwohnung: Das Erbe des deutschen Elektropop"** (Dokumentarfilm, 2013)
    - Ein Dokumentarfilm, der den Aufstieg von **2raumwohnung** einfängt und ausführliche Interviews mit AnNa R. und **Inga Humpe** über ihre

Zusammenarbeit und individuellen Karrieren enthält.

Printed in Poland
by Amazon Fulfillment
Poland Sp. z o.o., Wrocław

57117587R00059